По эту сторону

Also available from Evertype

Alice and the Time Machine
(by Victor Fet, illus. Byron W. Sewell, 2016)

Алиса и Машина Времени (*Alisa i Mashina Vremeni*),
(*Alice and the Time Machine* in Russian,
tr. Victor Fet, illus. Byron W. Sewell, 2016)

Охота на Снарка (*Okhota na Snarka*)
(*The Hunting of the Snark* in Russian,
tr. Victor Fet, illus. Henry Holiday, 2016)

Соня въ царствѣ дива (*Sonia v tsarstvie diva*):
Sonja in a Kingdom of Wonder, Alice in facsimile
of the 1879 first Russian translation, illus. John Tenniel, 2013

Алесіны прыгоды ў Цудазем'і (*Alesiny pryhody u Tsudazem'i*),
Alice in Belarusian, tr. Max Ščur, illus. John Tenniel, 2016

На тым баку Люстра і што там напаткала Алесю
(*Na tym baku Liustra i shto tam napatkala Alesiu*),
Looking-Glass in Belarusian, tr. Max Ščur, illus. John Tenniel, 2016

Снаркаловы (*Snarkalovy*),
The Hunting of the Snark in Belarusian,
tr. Max Ščur, illus. John Tenniel, 2017

По эту сторону

Стихотворения и поэмы

Виктор Фет

evertype
2016

Издательство/*Published by* Evertype, 73 Woodgrove, Portlaoise, R32 ENP6, Ireland. *www.evertype.com.*

По эту сторону: Стихотворения и поэмы (*Po ètu storonu: Stikhotvoreniia i poèmy*)
Издатель/*This edition* © 2016 г. *Майкл Эверсон*/Michael Everson.
Автор/*Text* © 1975–2016 г. Виктор Фет/*Victor Fet.*
Предисловие/*Foreword* © 2016 *Роальд Хоффманн* / Roald Hoffmann.

Издание первое/*First edition* 2016 г.

Каталожная запись этой книги доступна в Британской библиотеке.
A catalogue record for this book is available from the British Library.

ISBN-10 1-78201-197-8
ISBN-13 978-1-78201-197-2

Гарнитура Minion Pro. Набор *Майкла Эверсона.*
Typeset in Minion Pro *by* Michael Everson.

Обложка/*Cover*: *Майкл Эверсон*/Michael Everson. Photograph from Delphi, Greece, by Victor Fet.

Печать/*Printed by* LightningSource.

Содержание

Предисловие

Слова, приходящие на ум для описания стихов Виктора Фета — рефлективность и музыкальность. А ведь не так уж много есть писателей, на каком бы то ни было языке, к творчеству которых можно приложить одновременно оба эти определения. Не то чтобы читатель сознательно ощущает, что поэт в своих стихотворениях занимается размышлениями — но его искусство состоит в том, что слова обретают своё собственное рефлективное существование. В них ясно видится жизнь разума — исследований то глубокой природы генетического кода, то механизмов памяти. А музыка присутствует в каждом стихотворении Фета, в его легком размере, в изысканности неожиданной рифмы — трудно представить себе, как можно естественным образом выстроить стихотворение, чтобы завершить его такими словами, как «палимпсест» или «целлюлозы». Ему это удаётся.

Предметом стихов Фета служат все стороны жизни и литературы. Но он снова и снова возвращается к естественнонаучному видению. Это уместно, поскольку автор — биолог. Но это также необычайно трудно, и поэтому поэзия, нетривиальным образом черпающая вдохновение в науке, чрезвычайно редка на каком бы то ни было языке. Почему это так? Потому ли, что наука по сути своей прозаична, полна исключений и ограничений? Потому ли, что её наполняют напластования номенклатуры и жаргона, полезные для общения специалистов между собой, но исключающие участие большинства? Стихи Виктора Фета показывают, что такая поэзия возможна, что современная наука дает нам возвышенные метафоры; что научные идеи могут быть отделены от профессионального жаргона, могут свободно сосуществовать с нами, обогащая все стороны нашего опыта.

Научное видение естественным образом наполняет стихи Виктора Фета, сочетаясь с философией и воображением. Так, в его стихотворении «Лета», таинственная река забвения протекает через ссылки на Пушкина и XX век, а затем на неё падает взгляд геолога:

> И новых дней геолог,
> Познав добро и зло,
> Твоих слоёв осколок
> Уложит под стекло.

А в стихотворении «Частица», давшем название одному из разделов этой книги, след элементарной частицы в туманной камере даёт повод для глубокого размышления:

> Запись этого пути
> мне хотелось бы найти,
> где понятно, что мгновенный,
> зыбкий мир, навстречу мчась, —
> нашей жизни сокровенной
> только видимая часть.

Мы прошли немалый путь от буквальной частицы, и многому научились на этом пути.

Образы Виктора Фета теперь населяют мой разум; они не покинут вас.

Роальд Хоффманн,
химик и писатель

Foreword

Reflective and musical are the words that come to mind in describing Victor Fet's poems. And there are so few writers out there, in any language, to which these descriptors can be simultaneously applied. It is not that one consciously feels that in his verses the poet is thinking, it is that his art is in making the words of the poems acquire a reflective life of their own. The life of the mind comes through so clearly—whether it is an exploration of the deep nature of the genetic code, or the workings of memory. And the music, it is there in Fet's every poem, in his easy meter, in the delicious essence of unexpected rhymes—I would not imagine that you could build ever so naturally toward ending a poem with "палимпсест" or "целлюлозы". As he does.

Every aspect of life and literature is Fet's subject. But he returns time and time again to the scientific purview. Which is appropriate, as he is a biologist. But it is also extremely difficult to do, which is why there is so little poetry, in any language, which takes its inspiration in nontrivial ways from science. Why? Is it because science is inherently prosaic, full of hedging, exceptions? Is it because there are layers upon layers of nomenclature and jargon, introduced for good reasons, to enhance communication among practitioners, but keeping most of us out? Victor Fet's poems show us that it can be done, that contemporary science offers us metaphors that are sublime. And that the ideas of science can be freed from the jargon of the trade, to roam free among us, enriching every aspect of our experience.

The scientific enters naturally in Victor Fet's poems, cohabits with the philosophical or imaginative view of the world. So in his poem "Лета", the mythical river of forgetfulness, wandering through references to Pushkin and the 20th century, ends under the geologist's gaze:

И новых дней геолог,
Познав добро и зло,
Твоих слоёв осколок
Уложит под стекло.

and in "Частица", which gives its name to the title of a section of the book, the path of some elementary particle in a cloud chamber becomes the occasion for a deep reflection:

Запись этого пути
мне хотелось бы найти,
где понятно, что мгновенный,
зыбкий мир, навстречу мчась, —
нашей жизни сокровенной
только видимая часть.

We have traveled far, and wisely, from the literal particle.

Victor Fet's images now roam in my mind; they will not leave you.

Roald Hoffmann,
chemist and writer

Теорема

Начало

Н. С. Гумилёву

Над болотом лет настелим снова
Досок смысла временную гать.
Говорят, вначале было слово.
Что за слово — нам не угадать.

В языках каких оно звучало,
Книг каких украсило листы,
Утерявши признаки начала,
Обретя привычные черты?

Где-то, где в пустыне перестала
Разливаться древняя река,
Залежи мельчайшего кристалла
Пестуют истоки языка.

Поезд жизни нас проносит мимо
Той глухой, неведомой страны,
Где слова, горящие незримо,
В каменных слоях погребены.

(2001)

Теорема

А. и Б. Стругацким

Костровище от стана цыганского
Пеленой заметает зима;
Теорема Астеева-Ганского
Посложней теоремы Ферма.

Утверждает она, что движение
В этом мире вообще не дано:
Наше буйное воображение
Крутит мир, словно ленту в кино.

Объясняет невзрачная книжица —
Бледный шрифт, пара сотен тираж, —
Что Вселенная вовсе не движется,
А дрожит, как в пустыне мираж.

Амплитудой такого дрожания
Объясняются Бог и весна;
Не дано нам ни боли, ни знания,
И действительность нам не дана.

Так, надежду и веру отсеяв,
Словно призрак, возникший в дверях,
Нам поведал ослепший Астеев,
Тот, что сгинул давно в лагерях.

И у Ганского формулы чётки:
Чтобы в них ни значка не забыть,
Он диктует с хароновой лодки,
Размотав ариаднину нить.

Доказательство это красиво:
Значит, в зеркале нету лица;
Изначального не было взрыва;
Теплового не будет конца.

И не надо движения, ибо
Нас ничто не избавит от мук —
Что ж, за правду мы скажем спасибо
Двум пророкам российских наук!

Грянем песню да купим шампанского,
Впереди только тьма да мороз.
Теорема Астеева-Ганского
Навсегда разрешила вопрос!

(2000)

Стансы к Январию

У Лукоморья, где виварий,
Не раз мы пили, Январий,
И пели мы из разных арий,
Орали мы что было сил:
Там чахнет царь Кощей над златом,
Там брат идёт на битву с братом,
Там служит людям мирный атом,
И я там был, мёд-пиво пил.

Ах, Январий, наши клетки
Откроют те, кого мы предки,
Обломят, как сухие ветки,
Наш стыд и страх, инстинкт и грех;
Что им, родившимся в ретортах,
С ракетками на белых кортах,
С прозрачной жидкостью в аортах?
Наш мир для них — пустой орех.

И, звёздной россыпью влекомы,
Они уйдут в иные домы,
Такие выстроят хоромы,
Что ни пером, ни топором.
Кому они предъявят сметы?
Какие выставят Заветы,
Когда к брегам вселенской Леты
Харон причалит свой паром?

Да, Януарий, наши годы,
Статьи, и оперы, и оды,
Наш скверный век, дитя свободы,
Смущенье дум, смятенье встреч —
Пройдут дорогой к изобилью,
Сверкнут, смешавшись с звёздной пылью,
Так и не сделав сказку былью,
Да и не сбросив бремя с плеч.

(1998)

1953

Дольше, чем свету бежать от звезды до земли,
Больше, чем льдистых снежинок накопит
   февраль,
Странная, словно набросок картины Дали,
Свёрнута сонной пружиной двойная спираль.

«Элементарно, мой Watson.» — «Послушайте,
   Crick:
Детский конструктор, фольги и фанеры
   немного,
Сделать двойную модель и застыть у порога,
Будто бы я за пределы Вселенной проник.

Умер диктатор, но жив органический атом;
Кодом помечен и гений, и всякая шваль.
Всё, что растёт, и кричит, и ругается матом —
Всё заключает в анналы двойная спираль.»

«Что ж в этом коде, мой Watson?» — «Ах,
   Crick,посмотрите:
На элементов разменную мелочь скупясь,
Вся ДНК — лабиринт, пуще Кносса на Крите,
Нить Ариадны — её ковалентная связь.»

«Тянет на Нобелевку.» — «Really? Больно уж
    гладко.
Не водородная ж бомба.» — «Ну, хоть на
    медаль.»
Как говорил Пастернак — вот вам, принц, и
    разгадка.
Связью времён проступает двойная спираль.

(1997)

Иванушка

«Не пей из козьего копытца, —
твердит разумная сестрица, —
не то обрушится беда».
Но далеко до родника.

А на краю солончака
копилась долгими годами
в грязи, истоптанной следами,
мутаций мутная вода.

Там жизнь свои бросает споры
в микроскопические поры,
в пустые полости песка,
где меркнет свет, и смерть близка.

Вот путь Алёнкиного братца:
рассыпаться и вновь собраться;
в глубь бытия, не в глупых коз
направлен мой метемпсихоз!

Сквозь тел горящий лепрозорий
пройдя каналами латрин,
я раб червей и инфузорий,
я бог фотонов и нейтрин!

Пусть я потомок обезьяны,
я вижу дали осиянны,
летя по линии луча;
я дружен с силою земною,
и вся природа, как парча,
расстелится передо мною!

Мне виден вызов жизни новой,
веществ просторные ряды,
и жёсткий луч звезды суровой,
и шок отравленной среды.

И я растаю и остыну,
как песнь в ночи, как угль костра, —
и ты тогда войди в картину,
и сядь на берегу, сестра.

И снег сойдёт, и в запах прели
легенда новая моя
вольётся ручейком свирели
в метаболизме бытия.

(2005)

Итоги

Будет так: настанут годы,
и привычные черты
узнаваемой природы
рухнут в пропасть пустоты.

И пускай ещё не скоро,
но уйдут на склоне дня
удаль мысли, ткань узора
и безумие огня.

Но итоги наших знаний,
позабыв старинный свет,
будут ждать иных созданий
через бездну тёмных лет.

Пусть же светят им без света,
согревают без тепла
всплеск мелодии, что спета,
радость жизни, что была.

(2005)

Камень

Кто водит этою рукой?
Я сам вожу: я свой вожатый,
своей наивности глашатай;
я — камень, брошенный в покой
моих болот, в их свет и холод.

Мой мир на истины расколот.

Смотри: я падаю сквозь мрак,
где ни движения, ни звука.
Так говорит моя наука,
и я пишу, что это так.

(2013)

Восемь минут

Звезда безумная, святая,
встающая в рассветной мгле,
своим сиянием питая
всё дышащее на Земле!

Едва твои огни сверкнут,
твои лучи ударят оземь,
но это занимает восемь
твоих божественных минут.

Свет, приходящий к нам извне,
рождается в твоём огне,
где выгорает звёздный прах;
летя навстречу океану,

пронзает хрупкий небосвод
и безвозмездно раздаёт
свою магическую прану,
которая в иных мирах
была бы нам не по карману.

Но расточительный и праздный,
самой звезде не нужный свет
готов источник жизни разной,
всего, что будет, есть и было,

питать на миллионы лет,
пока слепящее светило
сжигает раскалённый газ
и знать не ведает о нас.

(2008)

Луч памяти

Вот еле видимая птица
в небесной высоте своей
над нашей башнею кружится
и над просторами морей.

Здесь мысли досками забиты,
пути волшебные забыты,
я перестал летать во сне,
и звуки на моей струне
мне нравятся, но не вполне.

Когда же некий избавитель
затеет всех событий нить
переписать и сохранить,
изобретя такой кристалл,
металл, неведомый носитель,
чтоб звуков и речей сигнал
луч нашей памяти догнал
и растворяться перестал, —

тогда известны станут мне
все сёла, города и нивы,
все сновиденья прошлых лет,
как этой птице в вышине
известны тропы и обрывы,
и белый кратер на Луне —
но мы, как говорил поэт,
нелюбопытны и ленивы.

(2004)

Видение

Исследуя ходы и лазы,
отыскивая вход во тьму,
я восстанавливаю фразы
по манускрипту моему,

где мир заполнен опустелый,
где блещет вечный океан
у берегов Эллады белой
и Атлантиды безмятежной,
где цвет дает лилее нежной
её пигмент — антоциан.

Я вижу: смуглые пророки,
найдя к сознанию ключи,
заменят лунные лучи
на теллурические токи;
и в отражениях зеркал
эпоха древняя воскресла,
где, как Зевес, безумный Тесла
двойные молнии метал,
и над замёрзшими лесами,
через долины и снега,
между земными полюсами
легла пурпурная дуга.

И в отложениях земного,
мной восстановленного ряда,
в разводах мёда или яда
я слой за слоем назову:
сном, не привидевшимся снова;
мечтой, сгоревшей наяву;
звездой, сверкнувшей сквозь листву
давно заброшенного сада;
строкою, спрятанной на дне
среди потока ледяного, —
и крайний слой, хранящий слово,
не предназначенное мне.

(2009)

Теория

1.
Рассматривая звёздный свет,
Астеев с Ганским, в двадцать пятом,
увидели, что каждый атом,
оставив за собою след,
скользит по жёлобу времён;
а чтоб чему-нибудь случиться,
должна существовать частица
пространства-времени — хронон.

Сквозь чёрных дыр иллюзионы
в наш мир невидимо-слепой
текут бессмертные хрононы
неисчислимою толпой.

И возникает в мире сонном,
переливаясь и двоясь,
в союзе атома с хрононом
причинно-следственная связь.

Весь ход событий и мгновений,
поля, и солнца, и лучи —
суть плод подобных столкновений
и к царству истины ключи.

И со времён Большого Взрыва,
вчера, сегодня и всегда
листы и описи архива
хранит межзвёздная среда.

2.
И вот уже в пятидесятых,
на даче Ганского, зимой,
был найден смысл частиц крылатых
и путь материи самой.

Внутри очерченного круга
он отыскал заветный клад,
и в честь расстрелянного друга
назвал свой краткий постулат.

Они дошли до самой кромки,
пройдя и вечность, и ГУЛАГ;
их папок ветхие тесёмки
едва удержат груз бумаг.

Но этот текст не для поэм
и не для нашего рассказа:
он крепче спирта и алмаза,
страшнее водородных схем.

В нем есть расчёты дня и часа,
когда критическая масса,
вздохнув, потянет за собой
аламогордовский пробой,

и будет квантовою пеной
до основанья сметена
освобождённою Вселенной
миров Берлинская Стена!

А мы — над новыми волнами
взойдём холодными огнями,
и жизнь, и память потеряв…

А может, Ганский был неправ?

(2006)

Подстрочник

Что, если наш первоисточник
Нарочно создала природа,
Как ученический подстрочник
Несделанного перевода?

И сила чуждая, немая
Его спасла в пылу сражений,
И мы живём, не понимая
Его склонений и спряжений.

Мы ожидаем дня и часа
В бедламе шума и сигнала,
Но нет словарного запаса
На языке оригинала.

(2006)

Река

Всё, что ни есть на белом свете —
огонь на солнце, лёд в комете,
пещер невидимая тьма —
всё к нашей жизни равнодушно,
в то время как она сама
собой, меандрами реки
извилистой, течёт послушно,
и каждый день её изучен
у этих гипсовых излучин,
где все события легки.

И целый мир собрался здесь
в единый фокус, в эту взвесь
ещё не меркнущего сна,
топографического пира,
и версия иного мира
уже не так удалена.

Сквозь эту ткань иной пловец,
и солнц, и истины ловец,
возьмёт остатки наших снов
в свою ладью, как горсть жемчужин,
там каждый вдох и выдох нов,
и каждый всплеск и отблеск нужен;
там счёт идёт на доли шага,
там крепче ньютонова тяга,
а берега моей реки
непредставимо далеки.

(2010)

Лета

Серебряная Лета,
Забвения река!
С иного края света
Бежишь издалека.

Вбираешь пыльны томы,
И годы, и простор,
Державинские громы
И пушкинский задор.

Вода прозрачна летья,
Студён летейский хлад,
Двадцатого столетья
В тебе остынет ад.

Сквозь нас событий сила
Продёргивает нить,
Чтоб всё, что есть и было,
Запомнить и забыть.

Исчезнем без остатка,
Погрузимся в твои
Придонного осадка
Замёрзшие слои.

И новых дней геолог,
Познав добро и зло,
Твоих слоёв осколок
Уложит под стекло.

(2002)

Размышление

Г.Г.Г.

У пространства-времени
нету роду-племени.

Простирается оно,
пустоты своей полно,
сквозь поля просторные,
через дыры чёрные.

Километры или дни
вовсе не кончаются,
а на расстоянии они
и не отличаются.

В этой тьме пустой и праздной,
исчисляя вечность в днях,
мы пылинкою прекрасной
прилепились на камнях,

и под разными углами
мы рассматриваем пламя
холодеющих высот:
то ли нас пространство губит,
то ли время нас не любит,
то ли разум чушь несёт.

И ни Лейбниц, ни Спиноза,
ни поэзия, ни проза
не ответят на вопрос:
как довольствоваться миром,
где живут вином и сыром,
где растят лозу и коз?

Нам ходить по этим чащам,
нам прикладываться к чашам
в непрошедшем настоящем,
в продолжающемся нашем,

где игрушкою отменной
для взыскующего вида
дан познания Вселенной
дар, не требующий гида.

(2014)

В музеях будущего

Соединяет времена и страны
Заросшая, невидная тропа.
Нам не произойти от обезьяны
Опять — она уже глупа.

Впечатав шаг толпы в цементе плаца,
Мы пробежим по огненной земле,
Но будем вечно отражаться
В слепом, небьющемся стекле.

В музеях будущего — видите ли вы
Наш судорожный вдох в часы прилива,
Да шапку царскую, напяленную криво,
Да дерзких рифм неспрятанные швы?

(2001)

Глаголы

Как на звуках замешать
всё, чем хочется дышать?
Как собрать глаголы в срок,
как связать охапки строк?

Как, не путаясь, пройти
по заросшему пути?
Где искать следы огня,
опалившего меня?

Как в словах запечатлеть
то, что будет греть и тлеть?
Хоть на четверть, хоть на треть —
как суметь не умереть?

(2006)

Тропа

Куда ведёшь меня, тропа?
Скажи мне, не идёшь ли ты
От Геркулесова столпа
До Ахиллесовой пяты?

Во тьме смятений и систем
И в ожидании суда —
Кто проложил тебя, зачем,
Когда, а главное — куда?

Здесь дух Европы не потух,
И по тебе идут, смеясь,
И дерзкий шут, и гордый князь,
И Дон-Кихот, и Винни-Пух.

Тебя чуждается толпа,
А мне любезна ты, тропа,
И мне твоя любезна грязь,
Забрызгавшая позументы;
Бежишь, как Мёбиуса лента,
Перекрываясь и виясь.

То вовсе выскочишь из рамы,
А то нырнёшь под акведук,
А то опишешь полный круг
И вновь придёшь к началу драмы.

И снова скачет дерзкий князь,
Один, подобен Агасферу;
Под ним, сияя и двоясь,
Тропа уходит в тропосферу.

(1998)

Статья

1.

Статья из старого журнала
нам говорит, что с прежних дней
душа времён существовала,
что мы давно привыкли к ней;

что от созвездий до песчинок
её остывшие следы
сопровождают поединок
наследственности и среды;

и что в эпохи катастроф
она виднее с каждым разом,
когда, покинув прежний кров,
как лава, каменеет разум.

2.
Бумага ломка и желта,
статья журнальная наивна,
но ткань веков чудна и дивна,
и отступает пустота.

И в наши дни, когда все тайны
уже давно разрешены
и отступления случайны,
и цели определены,

вам, предки, наш земной поклон
за то, что в считанные сроки
вместили океан времён
немыслимые ваши строки.

И смысл, и радость ваших дней
теперь до нас доходят прямо,
через дыхание камней
давно разрушенного храма.

И вечно с нами говорит
душа, которая вобрала
и белый мрамор древних плит,
и строки старого журнала.

(2007)

Тайна

Тайну вечного секрета
Наконец узнали мы:
Там, где есть источник света,
Должен быть источник тьмы.

Скорлупой орехов грецких
Стены мира стали вмиг
За пределом наших детских,
На страницах взрослых книг.

Кто и тьмой, и светом правит?
Кто орехи дверью давит?
Без картинок наши дни:
Разговоры в них одни.

Наши знания случайны:
Как поймёшь, где тьма, где свет?
Может, в мире нету тайны?
Может, в этом весь секрет?

(2001)

По эту сторону

Наш век размечен чуждой метой
по краю стынущего льда;
снов океан питался Летой,
где память смыта навсегда.

А из какой прозрачной пыли
летят сигнальные лучи —
нам всё равно, и мы забыли,
и снова азбуку учи.

Тире и точка, плюс и минус,
и алфавитные значки,
как древний мир, пройдут и минут,
не расширяя нам зрачки.

Но за полярными кругами,
куда вода не дотекла,
хранится отраженье в раме
по эту сторону стекла.

(2013)

Эпоха

У каждой эпохи
свои клопы да блохи,
свои погремушки,
комарики-мушки,
маски-личины,
следствия-причины,
запятые-точки,
ягодки-цветочки,
пестики-тычинки,
куколки-личинки,
лавочки-печки,
ручеёчки-речки,
стаканы-рюмашки,
ремешки да пряжки.

Я взираю на закат,
дальше будет просто:
наливай по пятьдесят,
а потом и по сто.
А кому не повезло,
пусть им будет стыдно,
в закоптелое стекло
ничего не видно.
А в разбитое окно
тяжким духом понесло,
спать пора, спать давно,
утро будет мудрено.

(2014)

Атлантида

Застыла времени стрела,
и односложные дела
и мысли однокоренные
уходят в заводи иные.

Февраль 15-го снежен,
он из ледовой крошки сложен,
и март, должно быть, неизбежен,
хотя почти и невозможен.

Давно раскуплены билеты
и на заоблачный круиз,
и на речной трамвайчик Леты,
идущий по теченью вниз.

А на какой по счету Рим
вулкан подводный пеплом пышет —
кто сосчитает? кто запишет,
что ведаем и что творим?

(2015)

Рапана

Памяти Константина Кузьминского

Время с пространством — одно;
словам их понять не дано;
может быть, оговорки
или скороговорки —
звук, заполняющий створки
раковин, мертвых давно.

Раковина-рапана,
сокровище океана
на столике у дивана,
словно открытая рана,
отзвук еще живой
распластывающихся явлений,
раскаивающихся поколений,
бег ледяных оленей
по мраморной мостовой;
стрела, пронёсшаяся над головой.

Сколько их, осевших на дно,
ставших каменными ступенями
атлантической высоты,
осветивших будущие мосты
через пропасти Чёрного Времени.

Эту воду пробовали сперва
острова и полуострова,
и прозрачные эльфы,
заполнявшие шельфы,
и другие, невидимые, существа.

И слова мои примут форму
тогдашнего склада,
рассыпаясь водою
из гейзера или фонтана
на светилах Европы или Энцелада:
это — шум, который
слышит моя рапана.

(2015)

Частица

Частица

Уходящие часы
жизни яростной и хрупкой
не поставишь на весы,
не измеришь ртутной трубкой.

Не придумана шкала
из ай-кью или пэ-аша,
чтобы боль и радость наша
измеряема была.

Так частицы путь желанный,
отодвинув тьму и свет,
в тесной камере туманной
пролагает белый след.

Запись этого пути
мне хотелось бы найти,
где понятно, что мгновенный,
зыбкий мир, навстречу мчась, —
нашей жизни сокровенной
только видимая часть.

(2013)

Анатомия растений

Ещё никто не брал в поэмы
Всей анатомии анналы,
Сосуды нежные флоэмы,
Ксилемы мертвые каналы.

Тома и атласы листая,
Мы убеждаемся, что снова
Листа и корня жизнь простая
Предупреждает наше слово.

И гифы тонкой микоризы,
Как мифологии живой,
Таят волшебные сюрпризы
Вблизи системы корневой.

А их наследственные коды
В сплетеньи клеток и клетчаток
На философию природы
Накладывают отпечаток.

(2005)

Эволюция растений

Наш век уйдёт в подвалы сна,
Придёт пора растений новых —
Голосемянных и цветковых,
Что хитро прячут семена.

А мы под времени плащом
Иные партии разучим —
Кто в пойме вырастет хвощом,
Кто станет каменем горючим.

Так нам дано на краткий миг
Согреть грядущего больного,
Пока он в тайны не проник
Существования иного.

Сочится времени струя,
Как строчки довоенной прозы.
Плывут чернила бытия
Среди волокон целлюлозы.

(2005)

Линней

И человек, и лемминг, и трава
имеют имя, милостью Линнея, —
блестящие, латинские слова.

Эпитеты нанизывать умея
на связки грамматических корней,
со списками в руках бродил Линней

по чистым огородам и садам
холодным летом в королевстве шведов,
все травы называя, как Адам.

Безмолвие полуночных пустынь
Лапландии объездив и изведав,
Линней не забывал свою латынь.

Работал он в пределах тех же линий,
что завещали нам Платон и Плиний.
Прилежную природу естества

он понимал, и общий знаменатель
он отыскал для трав, зверей и птиц:
их имя (форму, суть). Когда б Создатель

нас мастерил без видимых границ,
одним мазком, не уточнив детали
(цвет глаз, размер, кому годимся в корм),

мы все бы, не имея точных форм,
переливались и перетекали
из маски в маску. Жизнь была б легка.

Но мир отлит в ином материале,
и постоянна форма у цветка,
какие пчёлы бы ни посещали

его тычинки. Личность, суть, идея —
их помнят и лопух, и орхидея.

(1999)

Наследство

Наследство вымерших времён
на серебре спокойно спит;
их проявил гидрохинон,
их закрепил гипосульфит.

Сочится тускло красный свет,
и Стикса тёмная вода
на дне пластмассовых кювет
вбирает лица и года.

Потомку будет невдомёк,
что мы записывали сны
на влажном серебре, поток

обычной световой волны
в стеклянной линзе преломив.
Он будет думать: это — миф.

(2008)

Натурфилософ

Выписывая аккуратной вязью
умляутом поросшие слова,
пленён причинно-следственною связью
в таинственных глубинах вещества,

на непривычное число делений
подразделяя циферблат явлений,
с остывшим временем вступая в сделку
и подгоняя медленную стрелку,

определяя вес в сухом остатке
чудес и страха, торжества и бедствий,
не забывай, что мы играем в прятки
с причинами, не знающими следствий.

(2007)

Геккель

Скажи мне, доктор Геккель,
кому какой черёд?
Есть жабры в человеке ль
во тьме утробных вод?

Какой чудесный метчик
нарежет нам резьбу,
чтоб новый человечек
благословил судьбу?

Твоих радиолярий
светящийся скелет —
как Вагнеровых арий
тиара и стилет

в галактике планктона,
там, где размещена
на карте у Платона
утопшая страна.

Давно в морском песке мы,
в стекольничьей пыли
наследственные схемы
навечно обрели.

Глазниц незрячий трепет
слепца-часовщика —
чего ещё он слепит
из глины и песка?

(2003)

Примечания автора: Геккель, Эрнст (Ernst Heinrich Haeckel) (1834–1919), знаменитый немецкий зоолог, дарвинист. «Слепой часовщик» (Blind Watchmaker) — метафора эволюции, введённая современным английским дарвинистом Ричардом Доукинсом (Richard Dawkins).

Отблеск

Полевой палеонтолог,
отыщи на склонах лет
оттиск, отзвук, отблеск, сколок,
список, снимок, слепок, след.

След и отблеск прежних дней,
сил земных и сил небесных,
след событий неизвестных
под поверхностью камней.

След растений и животных,
лет бездонных, лет бессчётных,
лабиринтов дней и мест
драгоценный палимпсест.

(2006)

Давно

Давно уже привыкли
молчать о том, что мы
из пустоты возникли
среди кромешной тьмы,
где нам открыли очи
и, слово сохраня,
создали дни и ночи
из млечного огня.

Давно уже забыли
первичный свой наказ,
когда из звёздной пыли
слепили наш каркас,
и много лет из вечной
стихии естества
слагались в ритм беспечный
волшебные слова.

В дороге однократной
не встать и не сойти,
не взять билет обратный,
не изменить пути;
что было нам открыто,
что было в нас дано —
ушло и позабыто
надёжно и давно.

(2005)

В былые времена

В былые времена, когда
у человечества звезда
была всего одна,
существовали страсть и грусть,
и книги знали наизусть
в былые времена.

В чужие эти времена
кипела вечная война:
без отдыха и сна
сражались насмерть короли
за выжженный клочок земли
в былые времена.

Звезда светила в облаках,
но в полумёртвых языках
был вычерпан до дна
тот плодородный, древний ил,
что нас от звёздных бурь хранил
в былые времена.

Ещё имелись имена;
слова имели племена
для хлеба и вина,
слова для ячменя и ржи,
слова для истины и лжи
в былые времена.

Их создавал пленённый дух,
их узнавал врождённый слух,
и плакала струна
на дне едва возникших душ,
в пустые дни, в большую сушь,
в былые времена.

(2008)

Язык природы

Не в Византиях и не в Римах,
не в глубине понтийских вод,
а в нас самих, внутри незримых
молекул, есть волшебный код.

Нам неизвестен шифр заветный,
узлов прозрачных рой несметный;
сама природа не смогла
устроить так, чтоб мы читали
её мельчайшие детали
и понимали их дела.

Но мы становимся умнее,
порывшись, по словам Линнея,
у Бога в ящике стола.

Булавкой палец уколов,
зажав в горсти одну-две скрепки,
мы изучаем наш улов
на курсах кройки или лепки,
по форме мокрых листьев чайных,
по траекториям случайных
частиц и высказанных слов.

Жизнь видится, как фильм учебный,
как мир предметного стекла,
и мы читаем текст волшебный
на спиле старого ствола
сквозь почерк солнечной природы:
её обрывы и восходы,
её меняющийся след,
её засушливые годы
и мглистый облик влажных лет.

(2008)

Наверно

Наверно, не только же гены
издревле содержат в себе
обычаи и перемены,
возможные в нашей судьбе.

Мы, может быть, тем и хранимы,
что текст или даже строка
случаются переводимы
с исчезнувшего языка.

На острове, на острие
той башни из белого света
прочтёте посланье сие,
не требующее ответа,

как будто бы нам объяснили
насущную мудрость небес,
и, скачущий в облаке пыли,
дельфийский посланник исчез.

(2012)

Форма жизни

Заключённые в хрупком теле
Среди гнили, корней и трав,
Мы не ведаем нашей цели,
Цель на целостность променяв.

Нас укутает пласт наносный
От безумного звёзд огня,
В нашей жизни молниеносной
Равновесие сил храня.

Над границей воды с землёю
Пусть шумят тростников стада —
Принадлежность к этому слою
Не нарушится никогда.

Нас узнали и позабыли,
Нам названия вовсе нет —
Но взлетают частицы пыли
В атмосферу грядущих лет,

И ложатся на мыс отвесный
Там, где тает ночная мгла,
Там, где замок стоит чудесный
Из серебряного стекла.

(2003)

Левенгук

Одно я знаю — Левенгук был прав,
И он был гений. В часовом стекле заснули
Какие-то округлые зверьки.
Он их прибавил к сонму зверей и трав.

Он их нарисовал и сохранил листки.
Они просты, как детские кривули.
Они глядят и дышат, как живые.

Под линзою живут они, создания
Одни, потом другие. Сознания
Не знают и тоски.

Бредут, передвигаются прыжком
И кувырком и кавардаком,
Как бы актёры в круге световом,
Но все с обратным знаком
И в представлении живом.

Вот эти разделились пополам,
Подруга чествует подругу,
И празднуют, и носятся по кругу,
Как резвые подростки.

А вот иные — резко водяные,
И дышат под водой, дудя в свои отростки,
Водя вокруг усами осторожно.
Ну, в зоопарке — лев или там питон —
Так это зверь — вполне понятен он,
А эти? Удивляться только можно.

А всё же интересно —
Подвешены в воде,
О чём толкуют, неизвестно.
Скользят, не зная, как, зачем и где.
Им смысла не дано, ни юмора, ни толка,
Толкаются, как стая комаров,
Ресницами метут, ну что твоя метёлка,
Сгребая мелкий мусор,
Оставшийся неприбранным
Со времени создания миров.

Луч высветил под линзою до дна.
В стекло проникла испарений вьюга,
И сухо стало в линзе часовой.
И пересохло время. Левенгук
Сидел, крутил винты, качая головой.
Остались карандашные наброски
Существ, что жили во времена потопа
И до изобретенья микроскопа.

(1999)

Кассини

Открыв, как зимнее окно,
безумной кисти полотно,
запечатлей для нас, Кассини,
над злыми лунами полёт:
невыдуманные пустыни,
замёрзший ад, безводный лёд.

Я вижу всё, что видишь ты
в краю печальном и суровом;
я пробую приблизить словом
непредставимость пустоты;
принять, как принимаю свет,
свидетельства безмолвных лет.

Кто мерит время в том краю
без сроков, без воспоминаний?
Я бесконечность расстояний
не чувствую, не сознаю:
нет в языке такого слова.
Но твой, Кассини, долгий взгляд
сквозь пустоту и вечный хлад
добавлен к памяти земного.

(2007)

Примечание автора: «Кассини» — космическая станция-зонд, с 1997 по 2017 г. совершившая беспримерные облёты Юпитера и Сатурна и их многочисленных спутников.

Кто?

В чьём сознании живу
я в потоке непрерывном?
Кто выдумывал канву,
расшивал узором дивным?
На краю какого дня,
в глубине какого края
кто придумывал меня,
поощряя и карая,
расправлял мои крыла,
разливал по формам сплавы,
разминал мои суставы,
разбирал мои дела?

Если жизнь идет не вне,
а внутри какой-то схемы,
не запомнившейся мне,
эти строки и поэмы,
эти скудные слова
держат ум едва-едва,
как прищепкой бельевою;
над моею головою
хлещет мира простыня;
кто придумывал меня?

(2014)

Открытие доктора Кулакова

Цитируя умело
Страницы букваря,
Мы видим только тело,
Души нигде не зря.

Мной жизнь в душе открыта,
Невидима она,
Но я от слова «вита»
Даю ей имена.

Мне видятся детали
Всё ярче, всё ясней,
В душе живут *витали*,
Витюли дремлют в ней.

Души разбужен улей,
И стали слышны вдруг
Жужжание витюлей,
Виталей гулкий звук.

Вот так у нас в начале,
Нам создавая цель,
Витюли и витали
Качали колыбель.

Гремели наши гимны,
Сверкала наша сталь,
Но были анонимны
Витюля и виталь.

Германий и Италий
Злодейство и талант —
Особый штамм виталей,
Витюлевый мутант.

И жизнь племён и наций
Под свист ветров и пуль
Зависит от мутаций
Виталей и витюль.

Душе нужна опора,
И бодро смотрит вдаль
Родная микрофлора —
Витюля и виталь.

Так пей «Киндзмараули»,
Души не обмануть,
Витали и витюли
Тебе укажут путь!

(2007)

Смысл событий

Смысл событий не озвучен,
он в слова не облечён,
он экспертом не изучен
и в отчёты не включён.

Он и вправду часто скучен,
если внешний воздух душен:
римской публике Катон
повторял, что быть разрушен
должен славный Карфаген,
уничтожен каждый ген,
каждый атом обездушен;

да и ранее Платон
в древнем диалоге «Критий»
объяснял про суть событий,
тоже в тогу облачён.

Нынче — время рваных нитей;
смысл событий обречён.

Только Хронос легконогий
мчится в яростную тьму,
где успехи технологий
заметают под кошму.   *(2016)*

Наш театр

Пока есть время

Пока есть время — пой, пиши
бесстрашно и беспрекословно,
следи прилежно и готовно
за путешествием души.

Веков разрушенные соты
ещё хранят волшебный мёд;
ещё хрустален небосвод,
ещё известны наши ноты,

но за словесным частоколом
мир предстаёт случайным сколом
чужих осадочных пород.

Суть времени обнажена;
достигнув нового предела,
мы на доске кусочком мела
выводим формул письмена.

И снова смысла ищем мы
под вечный ритм зимы и лета,
за спектром пушкинского света,
за гранью гоголевской тьмы.

(2004)

Наш театр

Над маленькою сценой
метался чудный звук,
мгновений смысл бесценный
сливался в общий круг,

и сказанное слово,
летящее во тьму,
ошеломляло снова
внимающих ему.

Ушло, но не забыто,
а значит, не ушло:
ещё окно открыто,
ещё дрожит стекло.

Как сказки или гены
сквозь мглу прошедших лет —
былые мизансцены,
которым сносу нет.

Всё те же, и всё та же
на сцене суета —
король, и шут, и даже
все реплики шута.

Прочней орлов имперских,
превыше всех знамён —
тот отзвук песен дерзких,
что нами сохранён.

Всё было, всё известно,
и всё опять сильней —
заставленное тесно
пространство лет и дней;

пустеет наша сцена,
всему приходит срок,
и только неизменно
блаженство этих строк.

Не уберу страницу,
не вырву, не сотру,
уже остановиться
не хочется перу,

пускай же смотрят боги
Олимпа, как рука
ещё выводит слоги,
понятные пока.

(2012)

Потёмкин

Цикады звон и пыльный шлях,
Где грушею на карте юга
Повиснул Крым, увяз в степях.
Нет у Потёмкина досуга,
Но вера есть и нету страха.
Вдоль за обочиною шляха
Стоят остовы деревень.
Цикады звон и жаркий день.

Потёмкин.
Не трону честь Екатерины,
Но и свою не дам в обиду.
Туманна пыль дороги длинной
От Петербурга до Тавриды.
Адмиралтейская игла
Порой невидима в тумане,
Но твёрдо знаем, что была,
И некого винить в обмане.
Она является на миг,
Когда природа своенравна.
Так я искусство лжи постиг
И в суть его проник недавно.

Ложь — это правда на момент;
Мгновенна ложь, а правда вечна.
Ложь всякой правды элемент
И в данном миге безупречна.
Что верно в этот интервал,
То ложно в следующий будет,
Но зритель быстро позабудет,
Что ложь он правдою считал.

Так я свои лелею планы
Создать подобие тумана,
Чтоб мигом лжи всю Русь покрыть.
Как долог миг? Пока мне жить.
После меня — пускай потоп.
Я свой верчу калейдоскоп,
Где кривда с правдою вдвоём
Узоры чертят под стеклом,
Где кривды миг и правды миг —
Вот европейский политик!

Грачёв.
Прости, Потёмкин, перерву:
Ты, верно, бредишь наяву.
Твой полити́к на дурь похож —
Потребна ль в государстве ложь?
Приказ: послать в Сибирь кого-то —
Бери ж и шли его туда;
Приказ: построить пакетботы —
Руби же лес и строй суда;
Приказ: посланье за границу —
Враньё пристойно ли писать?
Приказ: ответствовать царице —
Ужели здесь возможно лгать?!

Потёмкин.
Отвечу: вы не уяснили,
Что ложь лишь миг бывает в силе,
А миг достаточен всегда,
Чтоб не почувствовать стыда.

Стояли призрачные хаты
От жизни в нескольких шагах.
Шагал по шляху князь проклятый.
Проклятый князь и пыльный шлях.
Напоминая наважденья
И злые утренние сны,
Стояли плоские творенья
Без толщины, без глубины.
Они от ветра чуть качались,
Скрипели каждою доской,
И от театра отличались
Огромным небом над собой.
Освещены нездешним светом,
Среди взаправдашних степей
Стояли рамки от людей.

Он шёл, по зарослям полыни
Ступая твердою ногой.
Над ним вздымался купол синий
И солнце в клетке золотой.
Пленённой птицей в небесах
Оно рвалось из них наружу
И отражалось в каждой луже.
Цикады звон и пыльный шлях.

(1975)

Кавказ

Нет в России иного рассказа,
Чем про бурные горы Кавказа,
Про нагайку, да шашку, да бурку,
Да как персу досталось да турку.

Ключ в замке до конца поверну
В языки разделяющей двери,
Отличающей Мери-княжну
От английского имени Мэри.

Новых букв набросать в языке
Не дошли у Мефодия руки;
В пограничной с Кавказом реке
Разбухают славянские звуки,
Да мелькают стеклянные грани
Мандельштамовской Эривани.

Оборотного «э» оборот,
Ермака подменяющий Эрик,
Непредвиденный водоворот,
Всероссийской истории Терек,

Где от викинга до казака —
Страх раба, брага пьяной отваги,
Да эрозии буйной овраги
Аж до шапки горы Машука.

За пределами этого мира
Вряд ли что-то достойное есть,
Значит, честь удалого мундира —
Это вся, что нам выпала, честь.
Блещут неба хрустальные своды
Да текут минеральные воды.

Так страдали для нового дела
И на фоне альпийских широт
И зверюшка несчастная Бэла,
И Лаевский, моральный урод.

И эпоха, наполнив роман,
Уходила зарядом картечи
В темноту, в племена мусульман,
Не имеющих письменной речи.

(2001)

Глоток

Памяти Игоря Северянина

Недавно ещё трепетала струна,
и старому барду внимала страна,
а нынче от грёзы леса и моря
очнулись под властью иного царя.

Всё выиграл он, что поставил на кон,
и в замке у моря создал свой закон
о том, что земля, и огонь, и вода,
и воздух закрыты теперь навсегда.

Но к воздуху доступ имели пажи,
и юный один для своей госпожи
в фиале прозрачном воздушный объём
похитил и спрятал на сердце своём.

И вертится шар — тот, что был голубым,
и страх несравним со столетьем любым,
ведь воздух с водою навеки ушли,
и больше не стало огня и земли.

Но где-то в подвале, светясь и дрожа,
в стеклянном сосуде, в каморке пажа,
ушедших молекул старинные сны
хранятся в развалинах нищей страны.

Быть может, иссякнет кровавый поток
и древнего воздуха чистый глоток
к потомкам придёт через тысячу лет,
как старого барда прощальный куплет.

(2005)

Сад

Не овладев бессмертия секретом,
но алфавиты новые уча,
я посетил Эдемский арборетум
в окрестностях Кастальского ключа.

Под пышущею печью небосвода,
под светлых струй тысячелетний шум
я узнаю слепого садовода
недюжинную страсть и дерзкий ум.

И где-то между Тигром и Евфратом
смоковница любуется закатом
в пробоинах разрушенной стены,

и наблюдают вечные оливы,
как входит странник в сумрачные Фивы,
движения его предрешены.

Но существам божественного ранга
не увидать в магический кристалл
тех дней, когда кузен орангутанга
пришёл завоевать Неандертал.

Пусть истины редчайший драгметалл
не вымыть из песка в долине Ганга,
не обнаружить межпланетным зондом —

я тексты сокровенные читал,
когда впервые много лет назад
я посетил благословенный сад
и пользовался чудным книгофондом.

(2009)

Подражание Шамиссо

Г. Н.

В мой герб входили две травы,
Как и во многие гербы:
Трава ковыль — трава молвы,
Трава полынь — трава судьбы.

Когда мой прадед был живой,
Он знался с третьею травой,
Она была желта, легка —
Трава удач, тропа стрелка.

И в детстве свет полынь лила
И лунной горечью была,
Но ни ковыль, ни зверобой
Не дали власти над судьбой.

Полынь сухая голуба,
В гербе очерчена судьба,
Бумага стерпит все слова,
Но где четвёртая трава?

(1978)

Пролог к спектаклю

Наш гордый разум нас возвысил
над кромкою вселенской тьмы,
и роскошь ньютоновых чисел
могли себе позволить мы,
но только лет на двести-триста.
Теперь же хаоса поток
объемлет мир, сбивает с ног
и мистика, и атеиста.
Ладью несёт через пороги,
визжат в машине тормоза,
а с неба заспанные боги
таращат круглые глаза
на то, как новая гроза
размыла римские дороги;
на то, как вдруг и слов, и дел
мы обнаружили предел.

(2004)

Станционный смотритель

Я — старой станции смотритель.
Куда ведут мои пути?
Быть может, некий небожитель
ко мне отважится сойти.

В холщовой робе, босиком,
держа хрустальный многогранник,
зайдёт ко мне печальный странник,
пожалуется на бесплотность.
Я разверну свою отчётность,
потом достану подстаканник
и сбегаю за кипятком.

И так потянется неделя,
мы сядем пить особый чай
да вглядываться в глубь туннеля,
закрытого железной сеткой, —
там, говорят, дорога в рай,
а может быть, в поселок дачный,
когда-то шла отдельной веткой,
звучала радостным гудком.

Но наступает поздний час,
и засыпает гость прозрачный,
сморенный нашим кипятком
вприкуску с горсткой рафинада,
и зрит во сне преддверья ада,
где всё почти что, как у нас,
но нам об этом знать не надо.

(2009)

Криквяжское

Л. Лосеву

1.
Стоит подолгу в почве влага
у речки Малая Криквяга.
Там глину, суглинок и лёсс
вывозит поутру совхоз.

Бывала здесь номенклатура,
у речки отдыхал райком,
криквяжский князь ходил на тура,
да угр ловил угря тайком.

Теперь раздолбаны дороги,
непроходим криквяжский брод.
О долларе, а не о Боге
уныло думает народ.

2.
У речки Малая Криквяга
не знает мир ни зла, ни блага,
ни Магомета, ни Христа —
командируйся в те места!

Сложи в портфель расчёску, бритву,
скажи ненужную молитву,
подшей оборванный погон —
да полезай в ночной вагон.

Путь до криквяжских мест недолог.

Передавали, археолог
увёз в Москву культурный слой.

Вообще, народ у нас не злой.

(2002)

Театр

Когда, очерчен кругом света,
актёр, по прихоти поэта,
сжигает слов и сердца дань
на дымном жертвеннике храма —
его комедия и драма
сплетают потайную ткань
и, от столетия к столетью
прокинув золотую нить,
стремятся душу уловить
своей невидимою сетью.
И между сценою и залом
течёт живая пустота,
как воздух горного хребта
над долгожданным перевалом.

(2004)

Гоголь

Пусть публикою театральной
не движет страх трансцендентальный,
тот вечный, гоголевский страх,
но каждое второе слово
почтмейстера и Хлестакова —
как отзвук бытия иного,
как мёртвый свет в чужих мирах.

Блажен, кто курс культуры краткой
закончил школьною тетрадкой,
не перечитывая вновь
тех жутких слов о Хлестакове,
которые створожат кровь
несовместимой группой крови.

Да был ли, право, Хлестаков?
На мейерхольдовских площадках
застыло время в отпечатках
квадратных гаринских очков.
Со сцены в онемевший зал
туман истории сползал.
Россия. Гоголь. Пустота.
Открылась бездна, да не та.

(2004)

Известое немногим

1.
Нам неизвестно, что за коды
лежат в загашнике природы
не для гормонов и белков,
а для неведомого ныне
песка в космической пустыне
и звуков звёздных языков.
Быть может, там воплощены
России ледяные сны,
где дилижансом Хлестакова
ушла надежда сатаны
на быстрый проигрыш Иова.

2.
Всё спит или зевает зал:
страшна их детская беспечность,
как будто Блок не описал
бездонного провала в вечность;
как будто жизнь — всего лишь сон
волшебной летнею порою
для Оберонов и Титаний;
как будто ледяной горою
«Титаник» не был сокрушён;
как будто впрямь не отделён
лишь тонкою земной корою
от наших мифов и мечтаний
ад переплавленных времён.

3.
Быть может, это и не ново,
но вот теория моя:
в ней Поле, Вещество и Слово —
три компонента бытия.
В томах немыслимых архивов
таится память долгих лет,
хранится запись всех приливов,
дней и минут. Забвенья нет.
Там — нашей жизни ход вседневный,
путь звёзд и летом и зимой,
и резонанс тоски душевной,
и чудный сад, и вихорь гневный,
и ритм поэзии самой.

(2004)

Детская песня

Основатель нам оставил
сотни глиняных таблиц
с описаниями правил
для молекул и частиц,

правил для души и тела,
для последствий и причин,
для разумного предела
всех доступных величин.

Но останутся секретом
те, иные берега,
омываемые светом,

где земные наши страсти —
только ёлочные сласти
да блестящая фольга.

(2008)

Колыбельная для Августа

У Густава фон Августа
В гербе четыре лилии,
А к берегу направился
Кораблик из Бразилии.

Привёз он фрукты разные,
И всё, что было вкусного,
Для Густава фон Августа,
Для Августа фон Густава.

У Августа фон Густава
В гербе четыре яблока,
Уплыл корабль в Америку,
Уплыл кораблик надолго.

Уплыл кораблик маленький
В далёкую Бразилию,
Где золотые яблоки,
Серебряные лилии.

Осталась только песенка,
И вот она — пожалуйста,
Для Августа фон Густава,
Для Густава фон Августа.

(1978)

Новогодняя баллада

Из новых времён, из старинных земель,
Где слиплись в комок бытия карамель
И смысла безглазая маска,
Прискачет прекрасная сказка.

Там главный герой с медициной знаком,
Там сахарным звёзды сияют песком,
А снег — новогоднею ватой.
Над каждой трубою застыл трубочист,
И выглядит мир, словно титульный лист
С виньеткою замысловатой.

Там слышен там-там по дикарским лесам,
Полковнику снятся медали,
И алым дивятся своим парусам,
Где издавна их ожидали;
Там тучи ползут по альпийским снегам,
И все корабли пристают к берегам.

Там стражнику на ухо шепчет пароль
Из раннего Блока картонный король,
И кислого вкус витамина
Мешается с дымом камина,
И входят герои в свой пряничный дом,
Где жить полагается честным трудом.

Там жались игрушки к витринным огням,
Там счёт не велся неутраченным дням,
Там вздрогнули Гензель и Гретель
От скрипа несмазанных петель,
И я поднимал, словно меч-кладенец,
На палочке свой петушок-леденец.

(2001)

За сценой

Я в который раз во сне возвращаюсь в дом,
где созвездия светятся над головой,
где тележка, гружёная битым льдом,
громыхает по булыжнику мостовой;
это помреж за сценой изображает гром.

Я в дельфийском амфитеатре опять стою,
как в одной из привычно разверзнувшихся
    кальдер,
в разорённой палате чужих весов и мер,
повторяя давно забытую строчку свою,
о гармонии неких небесных сфер.

Остывает вулканическая зола
и прессуется в мягкий туф за много лет,
мелкий гравий и пыль заносят плоскость
    стола,
но привычная боль на мгновение в землю
    ушла:
это помреж за сценой переключает свет.

(2014)

У берегов

Я проехал долиной реки,
где родился полвека тому;
по периметру там пески,
разбегающиеся во тьму,
или рифтовые долины,
где водился индрикотерий,
да разрозненные руины,
от которых курится дым.

Нас учили, что для империй
доступ к морю необходим.
Но пока они суть постигнут,
мир по-своему переделав,
ты в пустыне не будь застигнут
расширением их пределов.
Ведь они зачерпнут шеломом
и омоют свои штыки
у развалин, что были домом
возле устья моей реки,
где устраивались пикники,
где играли спектакль потешный
и где песня моя звучала,
где корабль отошёл поспешный
от обугленного причала.

(2009)

След

Слепи себе из пластилина
очередного властелина
в зелёной тоге, без лица.

Дай в лапки липкие монету,
как потемневшую планету,
где жить придётся до конца
под властью этого слепца.

Потом сожми его в комок,
чтоб больше зла творить не мог, —
чтоб дать урок другим тиранам;
забрось в коробку под диваном.

Потом прошелестят века,
и археологи в пустыне
найдут монету в середине
окаменелого комка.

И с осторожностью великой
в музейной зале под стеклом
уложат след эпохи дикой,
игравшей в поддавки со злом.

(2005)

100

Памяти Галича

Десять лет как лежу в изгнании
Я в холодной земле во Франции.
На дворе опять осень ранняя.
Что вам снится? Чему вы радуетесь?

Не нужны вам певцы-заступники,
Всё вы видели, всё провидели.
И поэты для вас — преступники,
И родные отцы — правители.

Кто ж за вас заступится, пьяненьких,
Одураченных да огорошенных,
Страхом ядерным одурманенных
Да афганским песком припорошенных?

В марте водкой столы уставлены,
Всё тоскуют, что рано помер он,
И мелькают портреты Сталина
На машинах с московским номером.

Век двадцатый уже кончается,
Наши внуки уже венчаются.
Что же вы ничего не поняли,
Ничего из грязи не подняли?

(1984)

Дальние края

Дальние края

Вижу дальние края,
где на грани сна
география моя
изображена.

Каждый шаг неповторим,
каждый жребий скрыт,
каждый полуостров — Крым,
каждый остров — Крит.

Путь лежит в прозрачный фьорд,
где не видно дна,
где к скрижалям доступ стёрт
в лабиринте сна,

где на побережье дней
из кромешной тьмы
горсткой радужных камней
выброшены мы.

(2012)

Встреча

Ветвятся трещины на ветхом потолке;
пространство с временем, два взрослых
    близнеца,
между собой на тайном языке,
двойняшкам свойственном, болтают без
    конца.
Непосвящённому в их странствия, с трудом
возможно мне понять, зачем и как
они вернулись в этот старый дом,
где жили в детстве; где разлуки знак
Галактикою светится в окне.
Как разделили их, неясно мне.
Где вырастали их просторы?
Кто дал пространству глубину и даль,
кто времени привил забвенье и печаль?
С кем в отрочестве разговоры
вели они, утратив двойника?
Как изменялись радость и тоска,
взращённые отдельно, в разных странах?
В чьих это было помыслах и планах?
Кто так решил? Кому достало власти
разъять неразделимое на части?

Век были врозь, а нынче снова
два близнеца сошлись в родном краю.
И я, незримый зритель, узнаю
из самых первых уст, а не из книг,
их жизнь, и тайны бытия земного
записываю в полевой дневник.

(2006)

Рим

There is a world elsewhere.
(Shakespeare, *Coriolanus*)

Есть мир за пределами звука,
Его не опишут слова.
Стрела вылетает из лука,
Упрямо дрожит тетива.

А дальше — черта огневая,
Где стёрлись иные черты.
Есть Рим за пределами рая,
И рай — за пределом мечты.

Слова, и пространства, и годы
Сотрутся, истлеют, уйдут.
Есть мир за пределом природы,
За кромкою наших минут.

Так молния в небе хранима,
Разрядом пронизана тьма.
Есть мир за пределами Рима,
И Рим — за пределом ума.

(2000)

Оставляю

Валентине Алексеевне Синкевич

Оставляю на время те страны,
где с богами боролись титаны,
где разбросана суша руками
олимпийцев, по их законам,
чей язык неизвестен; где камни
устремляются вверх по склонам,
словно новых захватчиков орды.

Незаполненные кроссворды
оставляю на кресле в зале
ожидания, где строка
равномерно течёт, пока
номер рейса не объявляли.

Я лечу, как летал во сне,
подо мной плывут острова,
недоступное ранее мне
переделывается в слова.

Я отчитываюсь перед вами
свежесобранным языком
над последними островами
перед новым материком.

(2012)

Греция

Рыдая, радуясь, робея,
Иду долиной Эниппея,
И сердце Греции самой
Мне шепчет «ты пришел домой».

Летя стремительно сквозь годы,
Не тронь хрустальных рычагов!
Почуяв дым от очагов,
Войди в одну и ту же воду!

От олимпийского чертога
Спустившись, тайных туч гряда
Легла торжественно и строго,
И потемнели города.

Стоят унылые громады,
Их ноша вечна и легка,
Как мрамор под стопой Эллады,
Как зовы нимф у ручейка.

(1999)

Дедал

Наверное, какие-то детали
мы не учли. Так в детстве мы взлетали
в сияющую мысль в блаженстве сна,
где нам была Вселенная видна.
И капал мягкий воск на горы Крита,
и кони Солнца мчались на закат,
и через Океан стремился взгляд
в ту, Западную, Индию — она
в то время не была ещё открыта.
Нам остаются буквы алфавита —
но Гелиоса заходящий след
и Королевы Снежныя чертоги
не сохраняют мудрость прошлых лет.
Я думаю, что так хотели боги;
другого у меня ответа нет.

(2015)

Галилей

Уже направлена труба
над итальянскими холмами
на горсть Юпитеровых лун.[1]

Четыре буквы древних рун,
светясь, вращаются над бездной
совместно с прочими камнями
в своей Флоренции небесной.

Какая странная судьба:
мы выбираем варианты,
а варианты правят нами.

И мне иные алфавиты
и неизвестные квадранты
на бархате небес открыты,
как ювелиру бриллианты.

---

1   *Каллисто, Ио, Ганимед, Европа. Открыты Галилеем в 1610 г.
Названы "звёздами Медичи" в честь флорентийского герцога.

И я запомню эту дату,
когда для славы или мзды
я посвятил аристократу
четыре новые звезды.

Уймется буря волн житейских,
истлеют строки наших книг,
но звёзд сиянье Медицейских
не потускнеет ни на миг.

В них, верно, память крепко спит,
а наша жизнь для них странней,
чем нам вращение орбит,
перемещение камней.

Планеты

А. Городницкому

Замёрзшие планеты,
пустынника приют:
живут на них поэты
и песенки поют.

Поют они о Боге,
о солнце, о судьбе,
об огненной дороге
поют они себе.

Но им никто не пишет,
их гэджеты молчат;
но их никто не слышит,
хотя они кричат.

О честности и чести
кричат через века,
но не доносит вести
бегущая строка.

Их слова не услышат,
их слова не лишат;
планеты хладом дышат,
растаять не спешат.

Их мир наполнен снегом,
где спят и видят сны,
ручьёв обманным бегом,
и ржавчиной весны.

В нём радостные споры
на кухнях давних лет,
и сказочные горы,
где спорам места нет.

Вращаются планеты,
огни к чужим пирам;
разбросаны поэты
по солнечным мирам.

Я их дорогу знаю,
идя издалека,
но я её теряю,
проснувшись от толчка.

И только ветер в кронах
ушедшим языком
напомнит о казнённых,
о временах бездонных,
о всех перемещённых,
с кем не был я знаком.

(2016)

Уэллс

На мёртвый мир свалившись с вышины,
Подпрыгивает шар из кейворита
И с хрустом давит жителей Луны:
Бледна их муравьиная элита!

Тобою тема вечная открыта
Междупланетной, мировой войны;
Ты описал и вставил в наши сны
И марсианина, и селенита.

Но, забредя в Россию издалёка,
Ты не увидел главного морлока:
Твой взгляд не различал их на Земле.

Вождь светится Лунарием во мгле,
И вспыхивают в ходе разговора
Глаза гиены. Бедный доктор Моро!

(2003)

Памяти Окуджавы

Наша жизнь, как железнодорожный вокзал,
где гудят провода над путями,
словно кто-то круги на полях рисовал,
украшая вокруг вензелями.

Отражались в дверях, выражались в делах,
дорожа серебром выражений,
словно профиль твой кто-то чертил на полях
неслучившихся стран и сражений.

Там дрожал под ногами дощатый настил
через пропасть ненужного смысла,
словно ты на полях календарь начертил
и зачёркивал старые числа.

Тем и жив этот мир, несуразный на вид,
звуком песен великих и малых,
словно кто-то чертил на полях алфавит
из иных языков небывалых.

(2002)

Ионическое море

Не опишешь словесами
то, что правит небесами,
не придумаешь в уме
то, что зиждится во тьме.

Пролистаю, не читая,
череду начальных глав,
где частиц исходных стая
разлетается стремглав.

Этот текст силён и скучен;
разум мыслить не обучен
на бездонном языке;
я лежу, избит и скрючен,
на твердеющем песке.

Я взираю в пропасть мира,
я смотрю вперёд и вниз,
как на острове Керкира
исстрадавшийся Улисс.

Потешаясь надо мною,
правоту мою кляня,
посейдоновой волною
смыло с памяти меня.

В царстве доброго феака
тишина и благодать,
знак обучен форме знака—
но мне нужна моя Итака,
и до неё рукой подать.

Боги! я ещё живой!
Растворяясь в древней влаге,
я стою в последнем шаге
от черты береговой.

(2014)

Остров Тассос

Сбросив ношу свою, налегке
полежать на эгейском песке,
там, где белого мрамора сколы
драгоценным сияют зерном,
где философы греческой школы
держат хрупкую мысль на весу.

От свинцовых веков немоты
отдышаться в сосновом лесу,
за поэтов ушедших, любимых,
отчитаться на этом листке
парой строчек едва различимых
на наречии нашем одном.

Нету средства из нашего мрака
снова в детство вернуться, однако
через мрамор пробились цветы
зверобоя, цикория, мака.

Исчерпав рудники золотые,
остров Тассос отходит ко сну.
Дремлет мир, и на числа простые
берега разбивают волну.

(2005)

Вообрази

Вообрази, что бесконечный путь
не существует; что концы с концами
не сходятся; что истинная суть
божественного спрятана жрецами
в швейцарский сейф... Я часто замечал,
что всё, что прежде делалось и пелось,
застыло и осунулось; и врозь
идут события; и мирозданья ось
есть некая уже окаменелость,
а вовсе не начало всех начал.
И звук не возникает на струне,
и Галилей взирает в небо втуне,
и юный Ньютон в а́нглийском июне
не пролагает тропочку ко мне.
И ангелов не видно на Луне.

(2015)

Набоков и Холодковский

1.

Не то что б меж Днепром и Доном,
Но ближе к западу, к Днестру,
Стикс бурный слился с Ахероном,
А я увидел их сестру.

За много миль, за много лет
Немало о тебе пропето;
Прими же мой шальной куплет,
Ты, древнегреческая Лета!

Черты твоей долины строги,
Они с годами всё ясней,
Но не найти к тебе дороги
Из нашей области теней.

На берегах твоих притоков
Раскинут вечности шатёр;
В нём Холодковский и Набоков
Не прекращают разговор.

2.
X.
Позвольте возразить, коллега:
Как на страницах букваря,
Альбедо сажи или снега
И проводимость янтаря
Вполне просты и измеримы.

Н.
Но не Измиры и не Римы.
Возможно, путь разумный, мирный
Счастливо изменит наш мир,
Но не изменится Измир:
Ему не стать обратно Смирной.

X.
Но сущность лип и тополей,
Созвездий и цивилизаций
Зависит лишь от комбинаций
Частиц, молекул и полей,
От поведения протона
И от фибрилл веретена —
Читай об этом у Платона.

Н.
Платон мне друг, но и стена
Между реальностью и тенью
Мне дорога. Моя дорога
Учила верить впечатленью,
А не разумности итога.
Я не заботился о том,
Что скажет Бедекера том
В своём издании десятом.

Х.
Однако, рассекая атом,
Узнали Гейзенберг и Бор,
Как из-за сосен видеть бор,
А в соснах — каждую мутовку,
И сосчитать её, плутовку.

Н.
Но не пилильщика, не совку,
Грызущих каверзы свои
В зелёном хаосе хвои!
Там смысла закоснелый полог
Поднимет грустный энтомолог;
Там в царстве, издавна прорытом
Из их Варшавы в их Париж,
И короедам, и термитам
Хватает перманентных ниш;
Там обыватель древоядный
В смолистых органах дриад
Сверлит и точит всё подряд;
А я над строчкою тетрадной
Вдыхаю жизни аромат
Да слышу трубы Иерихона
Через окошко пансиона.

3.
X.
О век идей, усердный малый!
Твой мрачный стяг, от крови алый,
Ещё потомки проклянут.
Дела и вправду были плохи:
Всего за несколько минут
Ты смысл похитил из эпохи.

Н.
Там, терпелив и осторожен,
Предупреждал Илья Пригожин,
Что мира ткань не так плотна
И что в иные времена
Структура времени не вечна.
Но публика всегда беспечна.

X.
На роль борца и либерала
Толпа меня не выбирала,
Но просветителя очки
Носил я доблестно и честно;
А что случилось, всем известно.

Н.
Как бы подземные толчки
В ненужном месте, в миг свирепый,
Создали образец нелепый,
И франкенштейновский урод
Возник в стекле полярных вод,
И далее дороги нет.

Х.
Взгляни на карту этих лет:
Там, на краю материка,
Застыла времени река
В своём бессмысленном полёте.
К чему им Фауст или Гёте?
И жизнью я не назову
Тот мир без плотности и веса,
Где цель и мера их прогресса
Есть удержаться на плаву.

Н.
Но милые, былые тени
Навечно в памяти крепки.
Там вырубали мы ступени
И статуи, и языки.
Своими были среди первых,
И память, запертая в нервах
И в радужке вокруг зрачка,
Не потеряет ни значка,
Ни буковки из нашей яви.
Но топок ил на переправе.

4.
Но есть порядок в строчках тесных,
В движении орбит небесных,
Внутри молекул незнакомых
И в планах тела насекомых.

Шумит, горит пожар московский,
Судьба не назначает сроков,
Но переводит Холодковский,
И напрягает взгляд Набоков.

Их вечность слышима и зрима,
Не сосчитать её излучин.
История проходит мимо
Того, кто помнить не обучен.

От Корсики до Каролины
Ещё не все мотивы спеты
На заливных лугах долины,
Над золотою поймой Леты.

(2001)

Песня пути

Как всадник уставший, упавший у ног
    истукана,
Бродя по Вселенной, пытайся понять её суть.
Трещат автоматы, толпа коронует тирана,
А значит, мы завтра опять отправляемся в
    путь.

Смычок переломлен, оборваны струны,
    расщеплена дека,
Но наши затвержены строки, и кони быстры;
В тени облаков и вдали от оков, дети нового
    века,
Как прежде, следим за течением вечной игры.

Богов и героев мелькают знакомые лики,
Дождь падает в почвы, вобравшие стоны и
    страх,
И солнце бросает на скалы неровные блики,
Светя сквозь листву, заходя в Элизийских
    полях.

На запад, мой друг! Не Озириса путь, не
    Астарты,
Не призрачность приторных слов с
    гималайских вершин —
Наш век развернёт перед нами забытые карты
Путей, недоступных для смрадных пехотных
    машин.

За дверью откроется дверь в неизвестную
    вечность,
Не раз и не два тот знакомый мотив повторя;
Мы нашей судьбе бесталанной простим
    бессердечность,
Летя над землёю в бесснежном конце ноября.

(2000)

Натуралист

(поэма)

Натуралист

Пролог

Вы снова здесь, разгаданные коды,
бескрайний сонм распутанных сетей,
мой скромный вклад в познание природы,
скупой анализ квантовых путей.

Но мирное столетие прошло,
и снова мы уязвлены войною;
и в память тех, кто был тогда со мною,
я протираю пыльное стекло.

Давай откроем записи тех лет,
сигналы памяти отборчивой и зыбкой
о том, как изменился этот свет,
и будем думать над своей ошибкой.

1.
Таинственные солнечные токи
тянули груз веществ по руслу дней;
в своё стекло, всё глубже и ясней,
он видел верфи, пристани и доки
больших молекул и существ сверхмалых,
их толчею в кавернах и каналах.

Как Пётр в Голландии неутомим,
неутолим в особой лихорадке,
всё, что развёртывалось перед ним,
Ксаверий рисовал в своей тетрадке
и в микроскопа освещённый круг
заглядывал, как новый Левенгук.

Очарованье это не прошло,
видения его не охладели.
Князь проводил бескрайние недели,
уставившись в чудесное стекло,
где, слизистый прочерчивая след,
паслись стада маркиза Карабаса,
и так и не сошла за много лет
с его лица блаженная гримаса.

Мерв, давший имя моему герою,
стоял на древнем Шёлковом пути,
там, где чинар с облезшею корою
в своём дупле даст место десяти;
где богатеет нынешний сатрап,
держащий лапу на поставке газа
(но это не для нашего рассказа);
Мерв, где в песках теряется Мургаб,
к империи был присоединён,
когда отец Ксаверия, полковник,
назначен в асхабадский гарнизон,
для шёлковых червей растил тутовник,
пока ещё не думая о хлопке,
да поощрял парфянские раскопки.

Безоблачное детство в Асхабаде.
Страсть к чтению. Способность к языкам.
Визиты к фирюзинским казакам;
убитый ими тигр в его тетради
(вплоть до последнего ареста, мать
ещё хранила старую тетрадь).

Он часто вспоминал в иной стране,
как вкусно пили чай на топчане
с Билькевичем в густой тени платана,
как пресноводных крабов тех долин
в полуверсте от дикого Ирана
он опускал в прозрачный формалин.

Его вела, знакома и терниста,
естественника дивная стезя,
та самая тропа натуралиста,
которою не следовать нельзя,
та, на которой зрение крепчало,
та, на которой знание росло,
где детским взглядом с самого начала
он заглянул в волшебное стекло,
и многое невидимое сразу
стало понятно и привычно глазу.

2.

Он наблюдал устройство всякой твари,
привычки водорослей и зверей
от Белого до Чёрного морей
и на неапольском стационаре.
Он черпал ил от Волги до Онеги,
и свежий генетический жаргон
он применял к тому, что видел он,
точнее, чем учёные коллеги.

По старой карте следуя за Мервским,
мы отмечаем, например, тот год,
когда кружным путём австро-венгерским
наш юный князь достиг фракийских вод.
На станции он занял пост вакантный,
как препаратор или лаборант.
Там навещал его экстравагантный
болгарский царь, пытливый Фердинанд.
Морской воды плеснув под микроскоп,
они вдвоём смотрели на амёб
и инфузорий интерстициальных,
в созопольском песке оставив след
в той ясной атмосфере сюрреальных,
немыслимых, последних мирных лет.

Мы знаем, что в 11-м году,
набрав в свои пробирки грязь и пену,
князь ненадолго возвратился в Вену,
отыскивая нужную среду.

Не заходил он в венские кафе,
где Троцкий звал на ауто-да-фе;
не слушал сказок в оперном лесу,
где в 5 утра, едва халат набросив,
трудился император Франц-Иосиф,
от писем отрезая полосу
за полосой для будущих закладок.
Считалось: Ordnung — стало быть, порядок.

Так следовал порядку и Ксаверий:
он рисовал подвластные ему
колонии невидимых бактерий,
неведомые глазу и уму.
Он различал пучки тугих волокон,
строение ячеистых миров,
усеянный рядами мелких окон
двойных мембран устойчивый покров.

В томах своих бесчисленных заметок
он описал устройство наших клеток;
изображала быстрая рука
сеть гамаков и оболочек скрытных,
пути молекул разобщённо-слитных,
и сборку матриц, и состав белка,
и под копирку созданные коды.

Теперь мы знаем, что никто в те годы
на самых лучших кафедрах Европы
не мог понять того, что видел он.
(Но в мир пришли иные микроскопы,
переменив фотон на электрон.)

Так он бродил по переулкам Вены,
не ведая ни Фрейда, ни войны,
когда, внезапно воспламенены,
вступили в действие иные гены —
те самые, что через триста лет,
в моей лаборатории открыты,
при новом положении планет
изменят все законы и лимиты.
(Казалось бы, прошли те времена,
когда возможно новому случиться:
и жизни суть давно закреплена,
и царству тьмы поставлена граница;
но мы не знали шума бытия
и спектра времени... А впрочем, я
отвлёкся).

3.

Необыкновенный взгляд,
давно присущий Мервскому, отныне
мог находить искомое в пучине
времён. Он возвращался в Асхабад
начала века; посещал Москву
(где никогда и не был наяву);
особым оком наблюдал Ксаверий
дела всех королей и всех империй;
в кинематографе его ума
мелькали и пожары, и чума.
Но было интереснее вдвойне
сосредоточить взгляд на глубине.

Он всматривался в смену поколений,
в движение молекул и племён;
он был захвачен яркостью явлений
и их наивной частотой пленён.
И неправдоподобные былины,
волшебным взглядом усугублены,
освещены, как венские витрины,
вставали из ушедшей глубины.
Он различал сомнения и цели,
истлевших идеалов торжество,
и все эпохи плавились и пели
перед глазами серыми его.

А между тем, его волшебный дар
дать князю заработок был не в силах:
давно иссяк солидный гонорар
за довоенный атлас жесткокрылых;
с волынского имения доход
уже не шёл с 15-го года;
не выручал случайный перевод —
и он взошёл по трапу парохода,
и в 23-м, тридцати двух лет,
Ксаверий Мервский прибыл в Новый Свет.

Другие шли кто в лагерь, кто на плаху,
а наш случайно уцелевший князь,
к миссионерам присоединясь,
попал на жаркий полуостров Баху.
В краю пустынь, не до конца открытом,
читал тысячелетий палимпсест
и помогал отцам-иезуитам
исследовать природу этих мест.

С ним был тогда на дружеской ноге
французский инженер Léon Diguet,
специалист по кактусам Соноры,
и в этом диком уголке Земли
они, хочу надеяться, вели
за чаркою текилы разговоры.

4.
Ксаверий объезжал свои пустыни,
не зная ни усталости, ни сна,
надписывая чётко по-латыни
изобретаемые имена.

Он обновлял нехоженые тропы
и открывал подводные миры,
и рассылал в музеи всей Европы
свои калифорнийские дары.

И с каждой почтой аккуратный груз
жуков, тысяченожек и медуз
со штемпелем, проставленным в Ла-Пазе,
шёл в Лондон и Париж, Берлин и Прагу,
напоминая им о странном князе.

Диковинная фауна и флора
была лишь тенью вечного узора,
который он пытался на бумагу
скопировать, списать, перевести,
первопроходцем на своём пути
изобретая символы и слоги
и упираясь в скудные слова,
как римские размытые дороги
в дунайские слепые рукава.

Князь иллюстрировал статьи и книги;
мы знаем, что художника талант
в нём отмечал известный Эмбрик Странд,
профессор университета в Риге.
Смешно и грустно. Всё-таки смешно:
ему открылось чудное окно,
масштаба сверхъестественного карта,
все ангелы на кончике иглы —
а он нарочно размывал углы,
чтобы попасть на уровень стандарта,
стушёвывал мельчайшие детали,
которых современники не знали
и ожидать, конечно, не могли.

Он видел всю историю Земли.

Как юношею он составил свой
подводных тварей каталог подробный,
проникнув зрением в анаэробный,
эвксинских вод холодный донный слой —
так ныне всё наследие веков,
весь груз, что унесли Дунай и Висла,
переводились в символы и числа
и шли в тома его черновиков.

Он видел жизнь в осевшем тонком прахе
в лиманах Добруджи, в лагунах Бахи,
и в чёрном вулканическом песке,
и в тонком слое закаспийской пыли —
и высохшие, сбывшиеся были
записывал на новом языке;
подробности бесчисленных событий,
угаданный узор древнейших нитей,
мотивы повторяющихся тем,
ушедших дел мельчайшие детали,
из праха поднимаясь, улетали
в его души неистовый Мальстрем.

5.
За пыльными кулисами природы
он видел то, чего никто не знал,
как Робинзон, события и годы
записывая в полевой журнал.
Фиксировала каждая страница
простор эпох; смрад войн больших и малых;
мысль, янтарём застывшую в веках;
всё прошлое, которое хранится
у вечности в заброшенных подвалах,
у времени на тайных чердаках,
всё то, что отражается в окне
вагона — и в полузабытом сне.

Но стал с годами меркнуть чудный свет,
идущий от событий прошлых лет;
и с некоторых пор заметил князь:
плотнели проницаемые стены
вещей и слов, и всё труднее гены
читали узнаваемую вязь.

И он спешил смотреть: как было знать,
как долго ясновиденье продлится?
Любая расшифрованная прядь
времён, любая новая частица,
пройдя сквозь фильтры сердца и ума,
ложились записью в его тома.

И поднимался от воды туман,
и голубое зеркало залива
пересекал паром на Мазатлан
с очередною порцией архива.

6.
В каких бы ни был князь разъездах новых,
он отсылал коллекции в Музей
естественной истории в Софии,
а записи, журналы полевые
и дневники копились у друзей —
у Нины и Семёна Годуновых,
в уютном доме у моста со львами:
тома страниц, заполненных словами
на незнакомом алфавите (он
употреблял особый лексикон
и одному ему известный код).

Елене шёл четырнадцатый год,
когда с отцовской полки род тетради
она открыла любопытства ради
и навсегда осталась пленена
уверенными, мягкими штрихами
рисунков неизвестного К.М.,
где в мириадах высвеченных тем
хранился дух, испытанный веками,
преображённый гранями кристалла.

Так, полюбив Ксаверия, она
ещё его по имени не знала
и как героя пушкинских поэм
воображала своего К.М.

Пять лет спустя сбылась её мечта —
увидеть автора чудесного альбома.
Он появился на пороге дома,
застыв на фоне Львиного моста,
как молния с небесной вышины.

И в тот же год они обручены.
И князь отправился в последний раз,
чтоб рукописи вывезти, в Ла-Паз.

7.
И там внезапно, без предупреждений,
его постиг немыслимый удар —
как дождь в песок, ушёл волшебный дар,
утратился его чудесный гений.

Мозг онемел, как при анестезии.
Ксаверий стал вдвойне глухонемым,
втройне слепым. Он видел мир как слитный
источник шума. В Санта-Розалии
он спал в какой-то хате глинобитной,
питался в миссии, лежал, бродил
по берегу, ступая в пёстрый ил,
входил в солоноватые лагуны,
не слыша струн небесных и земных,
не понимая записей своих
искусно зашифрованные руны.

Не чувствуя ни тела, ни души,
не трогая свои карандаши,
не в состоянии сказать ни слова,
в Нью-Йорке, в ноябре 32-го,
Ксаверий Мервский сел на «Лафайет»
и прибыл в Гавр. Тут мы теряем след
его на десять бесконечных лет.

8.
Всё далее случившееся он
воспринимал как смутный, мерзкий сон:

ночной кошмар, как скрежет по стеклу,
сигналы фар через ночную мглу,

перо, застывшее в его руке,
и протокол на русском языке,

и мысль одна, светящая в ночи:
о том, что опоздали палачи.

Им ни к чему теперь досье о князе
от детских лет до тайника в Ла-Пазе;
пытать его не стоило труда —

он следствию не может выдать кода:
его талант утрачен навсегда,
и неизвестна тайная природа.

9.
Однажды осенью, лет через пять,
в одесской одиночке заточён,
он понемногу начал вспоминать
подробности событий и времён,

очнулся от отравленного сна,
и красная пропала пелена,

и солнечная сила потекла
по высохшим каналам и сосудам.

В 42-м году он выжил чудом.

Елена десять лет его ждала.

10.
В учебниках истории земной
найди портрет Ксаверия и Лены —
в развалинах послевоенной Вены
их фото с новорожденной княжной.

За Лидией Ксаверьевной вослед
в течение одиннадцати лет
родились: близнецы Семён и Нина,
Констанция (в честь деда Константина),
Ксаверий-младший и Елизавета,
а в 56-м — Борис и Глеб:
четыре дочери, четыре сына.

Не в силах в будущее заглянуть,
отец не знал, что книгою судеб
его потомству предначертан путь
создателей Последнего Завета.

В них видя ясновиденья крупицы,
Ксаверий обучал своих детей
симфонии травы и песне птицы,
сну целого и радости частей,
величию мельчайшего, итогу
прошедшего и сплаву всех отваг,
и рисовал для них, за шагом шаг,
единственную верную дорогу.

Когда-нибудь и наш потомок верный,
ещё не появившийся на свет,
создаст учебник горестной и скверной
истории последних сотен лет,
и воскресит из атомарной пыли
прошедшее, которое забыли.

И электромагнитная война
две тысячи шестнадцатого года,
и страшные, глухие времена
Большой Зимы и Нового Исхода,
зыбучее нашествие песков,
чума, искоренившая поэтов,
и гибель школ и университетов,
и смерть традиционных языков —
минуло всё. Распался мир на части.
Отдав свои права центральной власти,
все граждане Империи Небесной
влачат свой век в надежде на покой.

И только мы стоим у самой кромки
над вечною открывшеюся бездной,
над огненной забвения рекой —
далёкие, но верные потомки
восьми детей Ксаверия с Еленой,
хранители всех знаний о Вселенной.

Эпилог

В меняющемся облике планеты
и в мире нескончаемой войны
уже непредсказуемы предметы
и правила не определены.

И в наши дни, когда воздвигнут мост
от прошлого к грядущему; когда
в действительности говорит звезда
с звездою в небесах — нам не до звёзд.

Мы знаем, где явлений наших суть
испортилась — но, чтобы новым бедам
путь преградить, нам надо заглянуть
за тот предел, который нам неведом.

Дом Годуновых жив, и мост, и львы;
вот жалко, что архивы навсегда
погребены в развалинах Москвы
под грязным слоем векового льда.

И в череде пустых десятилетий
до нас дошёл лишь устный пересказ
тех знаний, что запоминали дети
Ксаверия с Еленою для нас.

Мы не одарены волшебным глазом,
как Мервский, но в глубинах ДНК
мелодия особого смычка
выводит то, что называют — разум.

Ему нужна немалая отвага,
чтоб сохраниться в этих грозных днях,
чтоб выжить, как лишайник на камнях
в ущельях Западного Копетдага,

где триста лет назад, к воде склонясь,
заворожён блистающим потоком,
узор всех дел и всех событий связь
Ксаверий Мервский видел чудным оком.

(2007)

Комментарии

Пролог, значение которого несколько проясняется к концу поэмы, изложен, как и весь её текст, от лица анонимного рассказчика, далёкого потомка главного героя. Рассказчик этот располагается в будущем. В *Эпилоге* детство героя в Закаспийском крае (около 1900 г.) датируется как «*триста лет назад*», что помещает рассказчика примерно в 2200 год. Календарь событий грядущих 200 лет нам виден лишь смутно. Рассказчик мрачно сообщает в Прологе, что «*мирное столетие прошло*»; из этого мы заключаем, что весь 22 век был достаточно мирным периодом, в отличие от катастрофического 21-го, события которого вкратце изложены в части 10. Принимая, что биологические сроки размножения человеческого рода не изменились, рассказчик отдалён от героя поэмы на 10 поколений.

с. 136. «*…Пётр в Голландии … новый Левенгук*» — в мае 1698 г. в Дельфте первооткрыватель микроорганизмов и создатель первых микроскопов, *Антони ван Левенгук* (1632–1723) демонстрировал свои открытия любознательному русскому царю *Петру I* (1672–1725). Ср. микроскопические занятия героя поэмы болгарского царя Фердинанда (с. 139).

Ксаверий — первое упоминание имени главного героя, которое указывает на его польское происхождение. Дополнительные источники этого редкого в России имени — несомненно, св. Франциск Ксаверий (1506–1552), знаменитый сооснователь (вместе с Игнатием Лойолой) ордена иезуитов, миссионер в Азии; а также, возможно, «механический человек» (андроид) Ксаверий в романе А.С. Грина «Золотая цепь» (1925). Из других имен вспоминается граф Франциск Ксаверий Браницкий (1730–1819), великий гетман коронный польский и создатель знаменитого дендропарка «Александрия» под Белой Церковью. Его дочь, Елисавета Ксаверьевна Воронцова, известна как возможная «утаённая любовь» Пушкина в Одессе. Год рождения нашего Ксаверия — 1890 или 1891 (см. с. 143: «*и в 23-м, тридцати двух лет»*); точный год смерти (после 1956, в Вене?) нам неизвестен. Ксаверий вырос в Асхабаде в семье военного, с детства у него открылся талант натуралиста и особое видение вглубь пространства (с. 136). Читатели заметят близкое сходство в имени и занятиях героя с выдающимся натуралистом, первооткрывателем симбиогенеза,[1] Константином Сергеевичем Мережковским (1855–1921). Автор признаёт, что сходство это отчасти намеренное, но должен заверить, что его героический Ксаверий не несет негативных моральных черт, в высшей степени присущих реальному К.С. Мережковскому.[2] В то же время Ксаверию приданы черты многих его (и наших) современников-натуралистов, равно как и автобиографические черты. Автор провёл Ксаверия по четырём наиболее примечательным географическим местам своей жизни: это Туркмения, Вена, Нижняя Калифорния («Баха») и Болгария. Автор также глубоко благодарен Линн Маргулис (1938–2011), знаменитому натуралисту нашего времени; наше знакомство (с 2005 г.) и совместная работа несомненно оказали влияние и на моего Ксаверия.

«…стада маркиза Карабаса» — отзвук детского чтения героя; сказка Шарля Перро «Кот в сапогах» (*Le Chat botté*, 1697).

с. 137. *«Мерв, давший имя моему герою»* — фамилия «Мервский» (первое упоминание см. с. 139), скорее всего — псевдоним, взятый Ксаверием для его научной деятельности в 1910-х годах в память о Закаспийской области (теперь Туркменистан), где он вырос, в честь города Мерва (теперь Мары) и Мервского оазиса. Не исключено, что при этом Ксаверий хотел скрыть от публики свою настоящую, аристократическую фамилию, которая остаётся нам неизвестной.

«Стоял на древнем Шёлковом пути» — Мерв, один из древнейших городов Средней Азии, стоявший на берегу реки Мургаб, был столицей древней Маргианы. Мервский оазис тысячелетиями был важной остановкой путешественников и целью завоевателей.

«Где богатеет нынешний сатрап, держащий лапу на поставке газа» — похоже, что запасы природного газа и окружающая их коррупция ещё существуют в 23 веке, откуда ведется рассказ.

1 Мережковский, К.С. (1909) *Теория двух плазм как основа симбиогенезиса, нового учения о происхождении организмов.* Казань: Тип. Импер. ун-та.

2 Sapp, J., Carrapiço, F., Zolotonosov, M. (2002) Symbiogenesis: the hidden face of Constantin Merezhkowsky. *History and Philosophy of the Life Sciences* 24: 413–440.

«*К империи был присоединён*» — мирное присоединение Мервского оазиса к Закаспийской области Российской империи датируется 1884 г.

«*...отец Ксаверия, полковник*» — видимо, офицер польского происхождения на русской службе. Его зовут Константин (см. 10.8), фамилия же нам неизвестна. Княжеский титул, звание полковника в российской армии и родовое волынское имение (с. 143) позволяют отнести семью к польской аристократии, лояльной царскому правительству. Волынь вошла в Российскую империю по второму (1793) и третьему (1795) разделам Польши. Павел I возвратил польскому дворянству привилегии, и многие аристократы, например князья Чарторыйские (Czartoryski), искали поддержки в России. Чарторыйские владели поместьями на Волыни — в том числе, кстати, и под Ровно, где в начале 20 века жили предки автора. Возможно, семейные связи помогли Ксаверию впоследствии и в католической Вене, и при его контактах с иезуитами в Мексике в 1920-х гг.

«*Назначен в асхабадский гарнизон*» — туркменский аул Асхабад был занят при завоевании Закаспийской области войсками генерала Скобелева 18 января 1881 г.

«*...парфянские раскопки*» — развалины Нисы, столицы Парфянской империи, в 18 км от Ашхабада. Систематические археологические раскопки Нисы начаты в 1930-е гг. М. Е. Массоном.

«*Безоблачное детство в Асхабаде*» — Асхабад, потом Полторацк, потом Ашхабад, теперь Ашгабат — столичный город Закаспийской области Российской империи (теперь столица Туркменистана). Летом облака там редки. Автор часто бывал в Ашхабаде в 1975–1987, а затем посещал его в 1997 и 2002 гг.

«*Визиты к фирюзинским казакам; убитый ими тигр*» — имеется в виду пограничный поселок Фирюза (в составе России с 1893 г.) под Асхабадом; выше в горах Центрального Копетдага находились пограничные с Персией посты. Там в начале 20 века ещё встречался по долинам ныне истреблённый закаспийский тигр (*Panthera tigris virgata*), чрезвычайно близкий к уссурийскому.[3]

«*...вплоть до последнего ареста*» — видимо, с уходом английских войск (1919 г.) и окончательным установлением советской власти в Асхабаде родители Ксаверия были подвергнуты репрессиям. Не

---

3   Driscoll, C.A., Yamaguchi, N., Bar-Gal, G.K., Roca, A.L., Luo, S., et al. (2009) Mitochondrial phylogeography illuminates the origin of the extinct Caspian tiger and its relationship to the Amur tiger. *PLoS ONE* 4(1): e4125.

исключено, что отец героя, аристократ и видный военный, участвовал в антибольшевистском восстании в июле 1918 г. или даже был членом недолговечного Закаспийского временного правительства (1918–1919).

с. 138. «*...с Билькевичем*» — Станислав Иосифович Билькевич (1864-1937) — видный зоолог, основатель музея естественной истории в Асхабаде, один из первых исследователей фауны Закаспийской области в 1900-х–1920-х гг.[4] По возрасту С.И. Билькевич вполне мог быть наставником Ксаверия и брать его с собой в натуралистические поездки в начале 1900-х гг.

«*...пресноводных крабов тех долин*» — в горных долинах Копетдага обычны пресноводные крабы (Potamidae).[5] «*Опускал в прозрачный формалин*» — ракообразные, включая крабов, для коллекций фиксируются в спирту или формалине (4%-м растворе формальдегида); указание на то, что юный Ксаверий уже тогда собирал музейные материалы (очевидно, для музея, основанного Билькевичем).

с. 139. «*...от Белого до Чёрного морей и на неапольском стационаре*» — видимо, средства его семьи дали юному Ксаверию возможность путешествовать с натуралистическими целями по России и за рубеж, как, например, это делал студентом его сверстник А.А. Любищев (1890–1972). Полевые натуралистические исследования в высшей степени связаны с наличием постоянных полевых стационаров, биологических станций. *Белое море* — классическое место изучения северной водной фауны, где ещё в 1882 г. была открыта биостанция на базе Соловецкого монастыря (в 1899 её сменила Мурманская биостанция на Баренцевом море). *Чёрное море* — аналогичное место изучения южной водной фауны, где располагалась знаменитая Севастопольская биостанция (с 1871 г.). Черноморские мотивы далее развиваются в тексте болгарскими связями Ксаверия, а также его тюремным заключением в Одессе; они имеют и автобиографический характер (с. 171). *Неапольский стационар* (Stazione Zoologica Anton Dohrn) — морская биостанция мирового значения, основанная в 1872 г. в Неаполе немецким зоологом А. Дорном (1840–1909), где работали целые поколения блестящих русских биологов, включая А.О.

4 См., напр.: Билькевич, С. (1918) Коллекция Закаспийского музея. Млекопитающие (Mammalia). *Изв. Закаспийского музея*, Асхабад, 1: 1–12.

5 Старобогатов, Я.И., Василенко, С. В. (1979) К систематике пресноводных крабов семейства Potamidae (Crustacea, Decapoda, Brachyura) Средиземноморья и Передней Азии. *Зоологический журнал* 58(12): 1790–1801.

Ковалевского, Н.К. Кольцова, В.Т. Шевякова, А.Н. Северцова, В.А. Догеля и многих других.[6] Другая знаменитая биологическая станция на Средиземном море, в Виллафранке (Villefranche-sur-Mer) возле Ниццы, была основана русскими учёными в 1884 г. Возможно, что в детстве Ксаверий выезжал на отдых с семьёй на Чёрное море, а также в Италию и Ниццу, как это делали многие российские аристократы. Черноморскую фауну (эмбриологию медуз) изучал на кавказском побережье Николай Васильевич фон Корен («Дуэль» А.П. Чехова, 1891). Прообраз фон Корена (блестяще сыгранного В.С. Высоцким в экранизации 1973 г.) — друг Чехова, зоолог Владимир Александрович Вагнер (1849–1934). Вагнер планировал издавать вместе с Чеховым журнал «Натуралист»; такой журнал был основан в 1912 г. Вагнером и Л.В. Писаржевским под названием «Природа» и существует поныне.[7] И Чёрное море (в особенности Крым и Одесса), и Италия (побережья Адриатического и Тирренского морей) — традиционные топосы для русской литературы.

«…*черпал ил от Волги до Онеги*» — как видно, молодой Ксаверий интересовался не только морской, но и пресноводной фауной и флорой России, особенно бентосными (донными) организмами (ср. с. 144, 172). Впечатляют энергия и география его перемещений в 1900-х гг.; не исключено, что он присоединялся к группам студентов-естественников.

«…*свежий генетический жаргон*» — указание на то, что Ксаверий был не просто «классическим» натуралистом, который только описывает и зарисовывает свои объекты, но хорошо разбирался и в новейших теориях. Законы Менделя, первооткрывателя генетики,[8] были «вновь открыты» в 1900 г., а само слово «генетика» и её терминология («жаргон») были созданы английским биологом Вильямом Бэтсоном (1861–1926) в 1900-х гг. (в 1914 гг. у него стажировался Н.И. Вавилов,[9] ровесник Ксаверия).

«…*кружным путём австро-венгерским … достиг фракийских вод*» — отъезд Ксаверия из России в Австро-Венгрию (1907–1908?), скорее всего, связан с обучением в Венском университете (где тогда же

---

6   Фокин, С.И. (2006) *Русские учёные в Неаполе*. М.: Алетейя.

7   Успенская, Н.В. (2002) «Природа» и Московский университет: путешествие во времени. *Природа* 1: 5–11.

8   Голубовский, М.Д. (2000) *Век генетики: эволюция идей и понятий*. СПб.: Борей Арт.

9   Birstein, V.J. (2001) *The Perversion of Knowledge: The True Story of Soviet Science*. Westview Press.

учился, например, знаменитый в будущем физик Эрвин Шрёдингер). Появление Ксаверия в Болгарии (древняя Фракия) относится примерно к 1909–1910 гг. Уже знакомый с черноморской фауной российских берегов (с. 163), Ксаверий решает провести некоторое время в полевых условиях для её исследования на малоизученном болгарском побережье. Резонно полагать, что молодой зоолог проводил полевые сезоны на Чёрном море, а зимнее время в естественно-исторических музеях Европы (с. 168). Нам неизвестно, почему Ксаверий выбрал именно Болгарию для своей научной работы по организмам Чёрного моря (см. также с. 170), но эта страна сыграет несоменную роль в его дальнейшей жизни.

«...болгарский царь, пытливый Фердинанд» — Фердинанд I Кобургский (1861–1948), князь Болгарии с 1887 г. и царь независимой Болгарии в 1908–1918 гг., действительно интересовался естественными науками. В возрасте 18 лет он отправился вместе с братом Августом в Бразилию с ботанической экспедицией,[10] а в 1889 г. основал Музей естественной истории в Софии (см. с. 171). Политическая деятельность Фердинанда была менее успешной: он принимал активное участие в развязывании Первой и Второй Балканских войн (1912–1913), предшествовавших Первой мировой войне, а в 1918 был вынужден отречься от престола в пользу сына Бориса (см. также с. 173).

Интерстициальная фауна — простейшие организмы и мелкие беспозвоночные животные, обитающие в промежутках между зёрнами песка. Ксаверий и Фердинанд наблюдают черноморских амёб, которых впоследствии описал крупнейший болгарский протозоолог, профессор Васил Големански.[11]

«В созопольском песке оставив след» — анахронизм: Опытная ихтиологическая станция в Созополе была создана только в 1932 г.[12]; её первым директором стал русский эмигрант, выдающийся

10 *Die botanische Ausbeute von den Reisen ihrer Hoheiten der Prinzen von Sachsen-Coburg-Gotha. I. Reise der Prinzen Philipp und August vom die Welt (1872–1873). II. Reise der Prinzen August und Ferdinand nach Brasilien (1879).* Vienna (1883–88).

11 Golemansky, V. (2007) Biodiversity and ecology of the Bulgarian Black Sea invertebrates. In: Fet, V. & Popov, A. (eds) *Biogeography and Ecology of Bulgaria.* Springer, pp. 537–554. — *Id.*, Testate amoebas and monothalamous foraminifera (Protozoa) from the Bulgarian Black Sea Coast. *Ibid.*, pp. 555–570.

12 Stefanov, T. (2007) Fauna and distribution of fishes in Bulgaria. *Biogeography*

ихтиолог Александр Нечаев. Созополь (древняя Аполлония Понтийская) расположен на юго-западном берегу Чёрного моря.

с. 140. *Троцкий* (Бронштейн), Лев Давидович (1879–1940) — российский политический деятель, один из лидеров Октябрьского переворота 1917 г.; в 1912–1913 гг. был корреспондентом русских газет на Балканских войнах, с 1908 по 1912 г. издавал в Вене газету «Правда». См. также с. 173.

«Трудился император Франц-Иосиф, от писем отрезая полосу за полосой для будущих закладок» — в императорском дворце-музее Шёнбрунн под Веной туристам демонстрируют усердность и порядок, с которыми работал престарелый Франц-Иосиф I (1830–1916), правивший Австрийской империей в течение 68 лет. У императора действительно была привычка отрезать полоски чистой, высококачественной бумаги от полученных писем, используя их для закладок и заметок.

«…пучки тугих волокон ... двойных мембран устойчивый покров» — благодаря своему волшебному зрению Ксаверий наблюдал мельчайшие структуры живых клеток, которые стали видны учёным только к 1950-м–1960-м гг. после изобретения электронного микроскопа (см. с. 166). *Пучки тугих волокон* могут относиться к структуре ДНК в хромосомах, которая была неизвестна учёным до 1950-х гг. *Двойными мембранами* окружены важнейшие клеточные структуры (органеллы) симбиотического происхождения (митохондрии и хлоропласты); намёк на то, что уже в 1910-х гг. Ксаверий мог *видеть* доказательства симбиотического происхождения клеток эукариот (животных и растений). Впервые эту гипотезу сформулировал К. С. Мережковский в 1909 г.; в 1921–1924 гг. её развил Б. М. Козо-Полянский,[13] а начиная с 1960-х гг. — Линн Маргулис.

с. 141. *«Но в мир пришли иные микроскопы, переменив фотон на электрон»* — речь идёт об *электронном микроскопе,* который изобрел Эрнст Руска (1906–1988) в Германии в 1932 г. (первая коммерческая модель, 1939; Нобелевская премия по физике, 1986).[14] *Фотоны* — кванты (частицы, волны) света, используемые

and Ecology of Bulgaria, pp. 109–140.

13 Козо-Полянский, Б.М. (1924) *Новый принцип биологии. Очерк теории симбиогенеза.* М.; Л.: Пучина. Англ. перевод: Kozo-Polyansky, B.M. (2010). *Symbiogenesis: A New Principle of Evolution.* Translated from Russian by V. Fet. Ed. Fet, V. & Margulis, L. Cambridge, Mass.: Harvard University Press.

14 Руска, Э. (1988) Развитие электронного микроскопа и электронной микроскопии: Нобелевская лекция. *Успехи физ. наук* 154(2): 1–17.

в обычных (световых, или оптических) микроскопах, изобретённых ещё в 17 веке и дающих увеличение в сотни раз. Электронный микроскоп даёт увеличение в тысячи и сотни тысяч раз, позволяя видеть мельчайшие структурные детали клеток. Чудесное «глубинное видение» Ксаверия обладало подобным, если не более высоким, разрешением.

«Так он бродил по переулкам Вены, не ведая ни Фрейда, ни войны» — с началом Первой мировой войны (август 1914 г.) Ксаверий оказался в Вене, где, будучи российским подданным, он должен был быть интернирован. Нам неизвестно, случилось ли это, но мы не знаем подробностей о жизни Ксаверия в Австрии с 1914 по 1922 г. Империя Габсбургов пала в ноябре 1918 г. Ксаверий уехал из Вены в Мексику в 1923 г. (с. 143) и вернулся туда более чем двадцать лет спустя, бежав с семьёй из Болгарии, видимо, в 1944 г. (с. 154). Зигмунд *Фрейд* (1856–1939), основатель психоанализа, прожил в Вене бо́льшую часть своей жизни.

с. 142. *«Посещал Москву (где никогда и не был наяву)»* — одним из известнейших русских эмигрантов, никогда в жизни не бывавшим в Москве и особо это отмечавшим, был петербуржец В.В. Набоков (1899–1977).

с. 143. *«…довоенный атлас жесткокрылых»* — *жесткокрылые* (отряд Coleoptera) — научное название жуков, крупнейшей и популярнейшей среди учёных и коллекционеров группы насекомых. «Ни одному занятию не предавался я в Кембридже даже приблизительно с такой огромной страстью, ничто не доставляло мне такого удовольствия, как коллекционирование жуков» (Чарльз Дарвин). Множество определителей и атласов насекомых было опубликовано в начале 20 века; в частности, знаменитая книга Г.Г. Якобсона «Жуки России и Западной Европы» с цветными иллюстрациями издавалась в 11 выпусках с 1905 по 1915 г. Ксаверий собирал жуков для европейских музеев в Мексике (с. 144).

«С волынского имения доход уже не шёл с 15-го года» — речь идёт о родовом имении семьи Ксаверия в Волынской губернии. В мае 1915 г. австрийские войска прорвали русский фронт в Галиции (Горлицкий прорыв); началось отступление русской армии и общий разгром русского фронта, закончившийся оставлением Галиции, Польши, Литвы и Курляндии. Дед автора, Эли (Илья) Фет (1888–1977), родом с Волыни (Ровно), служил в это время писарем в русской армии и был контужен на Карпатах. Волынь

была вновь занята русскими войсками в ходе Брусиловского прорыва в 1916 г.

«И в 23-м, 32-х лет...» — Ксаверий уезжает в Новый Свет в возрасте 32 лет; столько же было автору в момент эмиграции из Советского Союза в США (март 1988 г.). Ксаверий проводит в Мексике девять лет (1923–1932); ровно столько же лет провёл автор в Западном Копетдаге (1978–1987; см. комментарий к Эпилогу). Отъезд Ксаверия из Австрии мотивируется в тексте материальными соображениями, однако не исключено, что уже в начале 20-х годов 20 века советские чекисты вели за ним слежку (см. с. 152), которая, как мы знаем, продолжилась и в Мексике.

«Попал на жаркий полуостров Баху» — *Баха* (исп. Baja California, Нижняя Калифорния) — провинциальная область в Мексике, занимающая пустынный Калифорнийский полуостров. Некоторое время управлялась иезуитами и по сей день несёт следы их пребывания. До 1768 г., когда иезуиты были изгнаны из всех испанских владений, наиболее важной миссией в Бахе была миссия св. Франциска Ксаверия (Misión San Francisco Javier) к западу от Лорето. Ксаверий базировался в портовом городке Ла-Паз на юго-восточном побережье полуострова (см. с. 150, 152). В 1920-х гг. он мог участвовать в экспедициях зоолога Лоренса Хьюи, ботаника Айры Уиггинса и других исследователей.[15] Автор и его семья активно участвовали в 1990-х гг. в экспедициях известного американского зоолога Гэри Полиса (1946–2000) в северной части Бахи, фауна пустынь которой и по сей день всё ещё плохо изучена.

«...помогал отцам-иезуитам исследовать природу этих мест» — многие знаменитые иезуиты-миссионеры были натуралистами, от Хосе де Акосты (1539–1600) в Южной Америке до Пьера Тейяра де Шардена (1881–1955) в Китае. Первая книга о естественной истории Бахи, написанная иезуитом Мигелем дель Барко (1706–1790),[16] пролежала 200 лет в архивах и была опубликована только в 1973 г. К слову, в 1990–1995 гг. автору довелось преподавать биологию в Университете Лойолы (Новый Орлеан, Луизиана), который был основан иезуитами.

Léon Diguet (Леон Диге) (1859–1925) — французский инженер-химик, натуралист, геолог, этнограф, фотограф. Работал в горнорудной

---

15   См., напр.: Huey, L.M. (1925) Two new kangaroo rats of the genus *Bipodomys* from Lower California. *Proc. Biol. Soc. Wash.* 38: 83–84; Wiggins, I.L. (1963) Botanical investigations in Baja California, Mexico. *Plant Bull.* 9: 1–6.

16   Barco, M. del (1973) *Historia natural y crónica de la Antigua California.* México: Univ. Autónoma de México.

компании барона Ротшильда Boleo (см. с. 172); исследовал Нижнюю Калифорнию и другие штаты Мексики в 1893–1913 гг.[17] Диге умер в Париже в 1925 г., поэтому его встреча и дружба с Ксаверием в начале 1920-х гг., скорее всего, являются анахронизмом. В течение многих лет Диге пересылал свои зоологические и ботанические коллекции из Мексики в парижский Музей естественной истории (ср. с. 144). Автору довелось исследовать род скорпионов из Бахи, впервые собранный Леоном Диге, типовой экземпляр которого хранится в Париже.[18] «*Специалист по кактусам Соноры*» — имеется в виду посмертная монография Диге о мексиканских кактусах (1928). [19] *Сонора* — песчано-каменистая пустыня, занимающая часть Калифорнийского полуострова, а также материковые области запада Мексики (штат Сонора) и юго-запада США (часть штатов Аризона и Калифорния).

с. 144. «*…жуков, тысяченожек и медуз*» — разнообразный набор групп животных, упомянутых здесь, подчеркивает широту интересов Ксаверия и его корреспондентов в музеях: он изучает и наземную фауну, и морских животных. О *жуках* (Coleoptera) см. с. 166. *Тысяченожки*, или двупарноногие, называемые также кивсяками (класс Diplopoda) — обычная, но малоизученная группа членистоногих-многоножек.[20] *Медузы* — общее название плавающих стадий кишечнополостных (стрекающих) беспозвоночных (тип Coelenterata, или Cnidaria); необычные виды медуз и поныне обнаруживаются у берегов Калифорнийского полуострова.[21] Эмбриологию медуз изучал чеховский фон Корен (см. с. 163).

«*…в Лондон и Париж, Берлин и Прагу*» — называются местонахождения крупнейших естественно-исторических музеев

17 Darling, J.A. (2000) Diguet's studies of West Mexico. *Journal of the Southwest* 42(1): 181–186.

18 Soleglad M.E., Lowe, G. & Fet, V. (2007) Systematic observations on the scorpion genus *Syntropis*, with description of two new species (Scorpiones: Vaejovidae). *Boletín de la Sociedad Entomológica Aragonesa* 40: 119–136.

19 Diguet, L. (1928) *Les Cactacées utiles du Mexico. Ouvrage posthume revu par André Guillaumin.* Paris: Legere Fils.

20 См., напр.: Hoffman, R.L. (1999) Checklist of the millipeds of North and Middle America. *Virginia Museum of Natural History Special Publication* 8: 1–584.

21 См., напр.: Martin, J.W., Gershwin, L.-A., Burnett, J.W., Cargo, D.G., Bloom, D.A. (1997) *Chrysaora achlyos*, a remarkable new species of Scyphozoan from the Eastern Pacific. *Biol. Bull.* 193: 8–13.

Европы: British Museum (Natural History) в Лондоне, Muséum national d'Histoire naturelle в Париже, Museum für Naturkunde der Humboldt-Universität в Берлине и Narodní muzeum в Праге. Устройство и поддержка таких музеев требовали огромных средств, в Европе 18–19 веков часто выделявшихся правящей аристократией. Ниже (см. с. 149) упоминается музей в Софии, основанный в 1889 г. князем Фердинандом (с. 139). Несомненно, Ксаверий имел контакт также с замечательным Naturhistorisches Museum в Вене, основанным в том же 1889 г. Францем-Иосифом I (с. 165). Автор имел возможность работать там в 1999, 2005 и 2012 гг., за что он искренне благодарен сотрудникам Отделения зоологии беспозвоночных Юргену Груберу, Верене Штагль и Христофу Хёрвегу, а также австрийской программе Фулбрайта. Пересылка естественно-научных коллекций, собранных в экзотических краях, в европейские музеи — стандартное занятие натуралистов-путешественников в последние 200 лет; автор занимается этим с 70-х годов 20 века.

«*Как римские размытые дороги в дунайские слепые рукава*» — граница Римской империи была доведена до Дуная в царствование императора Тиберия (9 г. н.э.). Знаменитая сеть мощёных дорог, созданных римлянами, использовалась сотни лет после падения Рима. В данном случае имеется в виду, скорее всего, Via Pontica, проходившая через Фракию вдоль Чёрного моря и соединявшая Константинополь с территорией современной Румынии в устье Дуная (Добруджа, см. с. 146).

с. 145. *Эмбрик Странд* (Embrik Strand) (1876–1947) — видный норвежский зоолог, арахнолог; с 1907 работал в Museum für Naturkunde (Берлин), с 1923 г. профессор Латвийского университета в Риге; издатель научных журналов и автор сотен научных работ. Впрочем, к похвалам его надо относиться достаточно иронически: специалистам известно, что Странд был большим путаником.[22]

«…*подводных тварей каталог подробный*» — составление *каталогов* живых организмов — традиционное занятие натуралистов-систематиков. В отличие от намного более подробных моно-графических исследований («фауны» или «флоры»), каталог не включает описаний и иллюстраций, а только даёт перечень названий и литературные источники. Тем не менее составление

22 Fet, V. (2008) *Hersiliola brachyplura* Strand, 1913 belongs to *Oecobius* (Araneae: Oecobiidae). *Zootaxa* 1849: 67.

таких полных списков исключительно сложно. Хотя фауна Чёрного моря значительно обеднена по сравнению со Средиземным, подробный каталог всех черноморских существ и поныне не составлен; их число может достигать нескольких тысяч (до 600 видов одних только одноклеточных водорослей).

«...*анаэробный, эвксинских вод холодный донный слой*» — Чёрное море (Понт Эвксинский), фауна и флора которого изучались Ксаверием в юности как у российских, так и у болгарских берегов (с. 139), обладает уникальной особенностью: его глубинные слои (от 150 до 200 м) насыщены сероводородом и полностью безжизненны, за исключением анаэробных (не нуждающихся в кислороде) бактерий.

с. 146. «...*в лиманах Добруджи*» — хотя в русской традиции ударение ставится на второй слог (Добру́джа), Ксаверий хорошо знал этот топоним в болгарском произношении: До́бруджа. Историческая область Добруджа в дельте Дуная — предмет многовековых территориальных споров Румынии и Болгарии. Ксаверий в юности изучал фауну тамошних лиманов и стариц Дуная; ср. с. 144, «*дунайские слепые рукава*»; с. 145, «*весь груз, что унесли Дунай и Висла*».

«*в лагунах Бахи*», см. также с. 151 — береговые мелководья (лиманы, лагуны) и их богатая фауна всегда привлекали к себе внимание не только Ксаверия, но и автора, когда последний юным натуралистом посещал с родителями берега Чёрного и Азовского морей (1963–1974), равно как и много лет спустя в экспедициях в Бахе (1991–1994). Отметим, что именно в *лагунах Бахи* (Нижней Калифорнии), в так называемых микробиальных матах, открыты важные виды свободноживущих бактерий-спирохет, имеющих центральное значение в современных теориях происхождения клеток животных и растений.[23] Такие микроорганизмы определяют общий вид и многоцветную окраску ила (см. с. 151, «*пёстрый ил*»). Ксаверий, пользуясь своим чудесным даром, мог наблюдать и документировать те же организмы и процессы ещё в 1920-х гг.

с. 148. «...*голубое зеркало залива*» — имеется в виду Калифорнийский залив (называемый в Мексике «Море Кортеса»), отделяющий Баху от материка. *Мазатлан* (Mazatlán) — город на юго-западном

---

23 См., напр.: Margulis, L., Ashen, J.B., Solé, M., Guerrero, R. (1993) Composite, large spirochetes from microbial mats: Spirochete structure review. *Proc. Nat. Acad. Sci. USA* 90:6966–6970.

побережье материковой Мексики (штат Синалоа), соединённый линией парома с городом Ла-Паз в Нижней Калифорнии (см. с. 150, 152); в наши дни — крупнейший коммерческий порт Мексики.

с. 149. «*...Музей естественной истории в Софии*» — основан в 1889 г. князем Фердинандом (см. с. 164); старейший и крупнейший музей такого рода на Балканах. Автор благодарен дирекции (Петар Берон, Алекси Попов) и сотрудникам музея, а также болгарской программе Фулбрайта за замечательную возможность работы там в 1999 и 2005 гг.

«*...у Нины и Семёна Годуновых*» — несомненно, эти друзья Ксаверия, хранившие его архивы в Болгарии, были эмигрантами, беженцами из Советской России. Речь идёт о 20-х годах 20 века, когда русская эмиграция в Болгарии составляла 30–40 тысяч человек, из них половина — солдаты и офицеры Русской армии под командованием П.Н. Врангеля (1878–1928). Дочь Годуновых Елена Семёновна родилась в 1914 или 1915 г. (ей было 18 или 19 лет при встрече с Ксаверием в 1932 г., ср. с. 143, 149); её отец по возрасту мог быть армейским офицером. Фамилия Годуновых напоминает не только о русском царе Борисе Годунове, но, конечно, и о героях набоковского романа «Дар» (1938) Годуновых-Чердынцевых — поэте Фёдоре и его отце, энтомологе Константине.

«*...у моста со львами*», «*...на фоне Львиного моста*» — «Лъвов мост», памятник архитектуры в Софии, недалеко от Центрального вокзала, построен в 1889–1891 гг., украшен четырьмя бронзовыми львами.

«*К.М.*» — эта подпись Ксаверия на его рисунках в виде инициалов, как заведено у художников, вызывает в памяти также псевдоним «*К.Р.*», под которым публиковал свою поэзию великий князь Константин Константинович Романов (1858–1915).

с. 150. «*...как героя пушкинских поэм*» — прозрачный намёк на романтических героев «Цыган», «Кавказского пленника», а возможно — и на Евгения Онегина. Натуралистические путешествия Мервского внешне сочетают традиционные мотивы литературных странствий и тему русской диаспоры. Традиционный культ А. С. Пушкина поддерживался в русской эмиграции; его день рождения праздновался во многих странах как День русской культуры ежегодно начиная с 1925 г. (когда Елене Годуновой было 10 или 11 лет).

Ла-Паз (La Paz) — город на юго-восточном побережье Калифорнийского полуострова («Бахи») (см. с. 152). Паромная линия соединяет Ла-Паз с г. Мазатлан на материке (штат Синалоа) (см. с. 148).

с. 151. *Санта-Розалия* (Santa Rosalía) — городок на восточном побережье Бахи, основан в 1884 г. французской команией Boleo для добычи меди (см. с. 168).

«...пёстрый ил ... солоноватые лагуны» — окраска ила в лагунах Бахи вызвана микроорганизмами, которые Ксаверий изучал с юности (см. с. 170).

«Лафайет» (Lafayette) — французский трансатлантический лайнер (Compagnie Générale Transatlantique), курсировавший по маршруту Гавр — Нью-Йорк с 1930 по 1938 г.

«...десять бесконечных лет» — 1932–1941 гг., см. также с. 153. Ксаверий провёл девять лет (с декабря 1932 по октябрь 1941 г.) в застенках ОГПУ-НКВД. Несоменно, он был сначала доставлен для допросов в Москву, где, отметим, никогда не бывал ранее (см. с. 142). Неизвестно, по каким секретным тюрьмам он прошел до 1937 г., когда мы находим его в *«одесской одиночке»* (с. 153), на берегу поистине *«анаэробных эвксинских вод»* (с. 145).

с. 152. История похищения Ксаверия агентами ОГПУ во Франции в ноябре или начале декабря 1932 г. (ср. с. 151) напоминает похищения в Париже генералов А. П. Кутепова (1882–1930) в 1930 г. и Е. К. Миллера (1867–1939) в 1937 г., послевоенные похищения эмигрантов и т. д.[24] В случае Ксаверия, однако, агенты преследуют его не по политическим мотивам, но в погоне за «ноу-хау» его чудесного ясновидения в пространстве, а с 1914 г. и во времени. Здесь можно вспомнить и легенды о Вольфе Мессинге, и атомный шпионаж, а в 1920–1930-х гг. — оккультные дела А.В. Барченко (1881—1938).[25]

«им ни к чему теперь досье о князе от детских лет до тайника в Ла-Пазе...» — мексиканские эпизоды жизни Ксаверия наводят на мысль о том, что агенты ОГПУ были активны в Мексике уже в конце 1920-х гг. Уже в 1919 г. в Мексике появился эмиссар большевиков Михаил Бородин (Грузенберг); в 1926 г. Александра Коллонтай стала первым советским полпредом в пробольшевистски ориентированной Мексике. Хорошо известна дальнейшая деятельность НКВД по охоте на Троцкого,

24 Andrew, C. & Mitrokhin, V. (1999) *The Sword and the Shield: The Mitrokhin Archive and the Secret History of the KGB.* Basic Books.

25 Андреев, А.И. (2002) *Время Шамбалы: оккультизм, наука и политика в советской России.* СПб.: Нева; М. Олма-Пресс; Первушин, А.И. (2004) *Оккультные войны НКВД и СС.* М.: Яуза.

переехавшего в Мексику в 1936 г. (убит в 1940). «*От детских лет*» — нам неизвестно, когда и как чудесные способности Ксаверия привлекли внимание чекистов, но не исключено, что слежка за ним велась ещё в Австрии в 1920–1922 гг.

с. 153. «*В 42-м году он выжил чудом*» — румынские войска заняли Одессу в октябре 1941 г., и Ксаверий был освобождён из тюрьмы НКВД (чудом было и то, что он не был расстрелян чекистами при эвакуации советских учреждений). Как Румыния, так и Болгария были союзницами гитлеровской Германии, и не исключено, что Ксаверий смог попасть в Болгарию в связи с его близким знакомством с болгарской царствующей семьей. В 1942 г. был ещё жив царь Борис III (1894–1943), сын Фердинанда, который, должно быть, близко знал Ксаверия с юности.

с. 154. *Лидией* (имя первой дочери Ксаверия), скорее всего, звали мать героя. Его третья дочь, Констанция, была названа в честь отца Ксаверия, а близнецы Семён и Нина — в честь родителей Елены Годуновой. Имена Борис и Глеб (в честь первых русских святых мучеников), данные близнецам, родившимся в 1956 г., возможно, связаны с венгерским восстанием. Среди имён детей героя можно найти имена двух детей автора (Елизавета и Семён).

с. 156. «*Электромагнитная война*» — серия катастроф с применением нового типа оружия, вызвавшая коллапс цивилизации на Земле начиная с 2016 г.

«*Чума, искоренившая поэтов*» — любопытное указание на возможность существования инфекционной болезни, избирательно поражающей (гормональные?) центры поэтического вдохновения.

«*Империи Небесной*» — скорее всего, это всемирное государство начала 23 века не тождественно современному Китаю (старинное название которого чаще переводится «Поднебесная империя» или «Срединное царство»).

«*Далёкие, но верные потомки восьми детей...*» — в современном рассказчику мире кастой учёных являются только потомки Ксаверия с Еленой. Их, возможно, осталось немного (см. Пролог: «*и в память тех, кто был тогда со мною*»). Через 10 поколений они пронесли генетические элементы «глубинного зрения» в пространстве-времени, ясновидческой памяти, позволившие им мнемонически сохранить научные знания в период катастроф 21 века (с. 156) и передать их изустно будущим поколениям (см. Эпилог: «*до нас дошел лишь устный пересказ тех знаний, что запоминали дети Ксаверия с Еленою*»).

В лаборатории рассказчика заново открыто устройство генов ясновидения (см. с. 141). Теперь перед кастой потомков Ксаверия стоит задача сохранить свою цивилизацию в условиях новой нестабильности, угрожающих существованию разума на планете, а возможно, и самой причинно-следственной реальности (см. Эпилог: «*уже непредсказуемы предметы и следствия не определены*»).

Эпилог: «*дом Годуновых жив, и мост, и львы*», см. с. 149.

«*...архивы навсегда / погребены в развалинах Москвы*» — речь, очевидно, идёт об архивах Мервского, вывезенных НКВД из дома Годуновых в Софии после занятия города советскими войсками в сентябре 1944 г., подобно тому как были вывезены Пражский архив русской эмиграции или фонды лаборатории Тимофеева-Ресовского в Берлин-Бухе. Вероятно, сюда относились и рукописи, обнаруженные агентами ОГПУ в тайнике Мервского в Ла-Пазе (см. с. 152). Ср. похищение архива троцкистов (Париж, 1936 г.). В тексте не уточняется, в каком именно катаклизме 21 века погибла Москва, но «грязный слой векового льда» может указывать на «Большую Зиму» (с. 156).

«*...в ущельях Западного Копетдага*» — автор с семьёй прожил девять лет (1978–1987) в Айдере, одном из крупнейших ущелий Западного Копетдага (Туркменистан), работая натуралистом в Сюнт-Хасардагском заповеднике.[26]

---

26 Подробнее о Западном Копетдаге, как и о природе Туркменистана в целом, см.: Fet, V. & Atamuradov, K.I. (eds) (1994) *Biogeography and Ecology of Turkmenistan*. Dordrecht; Boston: Kluwer Academic.

www.ingramcontent.com/pod-product-compliance
Lightning Source LLC
Chambersburg PA
CBHW030012110426
42741CB00032B/332